LES PARISIENS

PIÈCE

Représentée pour la première fois, à Paris, sur le théâtre du VAUDEVILLE,
le 28 décembre 1854

CALMANN LÉVY, ÉDITEUR

DU MÊME AUTEUR

Format grand in-18

L'ANGE DE MINUIT, drame en cinq actes.
AUX CROCHETS D'UN GENDRE, comédie en quatre actes.
LE BOUT-DE-L'AN DE L'AMOUR, comédie en un acte.
LES BREBIS GALEUSES, comédie en quatre actes.
CENDRILLON, comédie en cinq actes.
LE CHEMIN DE DAMAS, pièce en trois actes.
LE CHIC, comédie en trois actes.
LA COMTESSE DE SOMERIVE, pièce en quatre actes.
UNE CORNEILLE QUI ABAT DES NOIX, comédie en trois actes.
LE CRIME DE FAVERNE, drame en cinq actes.
LES DEMOISELLES DE MONTFERMEIL, comédie en trois actes.
LE DÉMON DU JEU, comédie en cinq actes.
DIANAH, comédie en deux actes.
UN DUEL CHEZ NINON, comédie en un acte.
LES ENFANTS DE LA LOUVE, drame en cinq actes.
LES FAUSSES BONNES FEMMES, comédie en cinq actes.
LES FAUX BONSHOMMES, comédie en quatre actes.
LE FEU AU COUVENT, comédie en un acte.
LES FILLES DE MARBRE, comédie en cinq actes.
LES GENS NERVEUX, comédie en trois actes.
L'HÉRITAGE DE M. PLUMET, comédie en quatre actes.
L'INFORTUNÉE CAROLINE, comédie en trois actes.
LES IVRESSES OU LA CHANSON DE L'AMOUR, comédie en quatre actes.
LE JARDINIER ET SON SEIGNEUR, opéra-comique en un acte.
LES JOCRISSES DE L'AMOUR, comédie en trois actes.
MALHEUR AUX VAINCUS, comédie en cinq actes.
MANON LESCAUT, drame en cinq actes.
UN MÉNAGE EN VILLE, comédie en trois actes.
LE MÉNÉTRIER DE SAINT-WAAST, drame en cinq actes.
MIDI A QUATORZE HEURES, comédie en un acte.
UN MONSIEUR QUI ATTEND DES TÉMOINS, comédie en un acte.
LE PAPA DU PRIX D'HONNEUR, comédie en quatre actes.
PARIS VENTRE-A-TERRE, comédie en trois actes.
LE PIANO DE BERTHE, comédie en un acte.
QUAND ON VEUT TUER SON CHIEN, comédie en un acte.
LE ROMAN D'UNE HONNÊTE FEMME, comédie en trois actes.
LE SACRILÈGE, drame en cinq actes.
LES SCANDALES D'HIER, comédie en trois actes.
LA VIE DE BOHÈME, comédie en cinq actes.
UN VILAIN MONSIEUR, vaudeville en un acte.

P. AUREAU. — IMPRIMERIE DE LAGNY

LES
PARISIENS

PIÈCE EN TROIS ACTES

PAR

THÉODORE BARRIÈRE

PARIS
CALMANN LÉVY, ÉDITEUR
ANCIENNE MAISON MICHEL LÉVY FRÈRES
RUE AUBER, 3, ET BOULEVARD DES ITALIENS, 15
A LA LIBRAIRIE NOUVELLE
—
1878

Droits de reproduction, de traduction et de représentation réservés.

PERSONNAGES :

DESGENAIS, 40 ans.	MM. Félix.
M. MARTIN, millionnaire, cousin de Raphaël, 50 ans.	Delannoy.
M. DE PRÉVAL, banquier, aspirant à la pairie.	Chambéry.
LE COMTE RAOUL DE PINTRÉ, 29 ans.	Allié.
JULES, fils de M. de Préval, 19 ans	Lagrange.
MAXIME DE TREMBLE, secrétaire de Préval, 23 ans.	Paul Laba.
PAUL GANDIN, homme de lettres, 28 ans.	Speck.
JOSEPH, domestique de Préval.	Galabert.
JUSTIN, domestique de Raoul.	Albert.
ALBÉRIC, MARQUIS DE GRANDCHAMP, 30 ans.	Beuzeville.
GERMAIN, domestique de Jules de Préval.	Léon.
MARIE, pupille de Desgenais, 19 ans.	Mmes Saint-Marc.
CLOTILDE, femme de Préval, 31 ans.	Clarisse Miroy.
ANNA, leur fille, 16 ans	Luther.

En 1839, à Paris. — Le premier acte à l'hôtel de Raoul de Pintré.

LES PARISIENS

ACTE I.

Une riche salle à manger, tentures, buffets garnis, lustres, etc. — Une table et des chaises au milieu de la salle.

SCÈNE PREMIÈRE.
RAOUL DE PINTRÉ, JUSTIN.

(Justin parcourt les journaux. — Raoul sort de sa chambre ; il est en élégante toilette du matin et prêt à sortir.)

RAOUL.

Eh bien ! monsieur Justin, que dit le journal de l'an de grâce mil huit cent trente-neuf?

JUSTIN, quittant vivement le journal.

Je demande pardon à monsieur le comte, je ne l'avais pas entendu venir.

RAOUL, s'asseyant à gauche.

Ne vous dérangez donc pas, je vous en prie.

JUSTIN.

Monsieur le comte se raille de son très-humble valet?

RAOUL.

C'est qu'il trouve que son très-humble valet lui fait trop attendre ses journaux.

JUSTIN.

C'est par dévouement

RAOUL.

Hein ?

JUSTIN.

Les feuilles publiques distillent parfois tant de poisons, que je crois prudent de goûter ces feuilles avant monsieur le comte.

RAOUL, souriant et prenant les journaux.

C'est bon. (Tout en les parcourant.) Écoutez, vous savez que je traite mes amis aujourd'hui ?

JUSTIN.

Oui, monsieur le comte... Le chef m'a dit que monsieur faisait aujourd'hui ses adieux à la vie de garçon.

RAOUL, lisant toujours.

Vous prierez ces messieurs de m'attendre.

JUSTIN.

Monsieur le comte reçoit-il beaucoup de monde ?

RAOUL.

Non... M'avez-vous fait seller un cheval ?

JUSTIN.

Oui, monsieur... L'Alezane, car j'ai ouï dire qu'elle avait eu l'honneur d'être remarquée par mademoiselle Anna, la fiancée de monsieur le comte.

RAOUL, qui lit toujours.

Vous ferez mettre sept couverts. (Réfléchissant, à lui-même.) Voyons, monsieur Jules de Préval, d'abord.

JUSTIN.

Le frère de mademoiselle Anna, un conseiller d'État futur.

RAOUL, sans l'écouter.

Albéric de Grandchamp.

JUSTIN, même jeu.

Un fils de famille, dont le grand nom se mange aux vers.

RAOUL, même jeu.

Paul Gandin.

JUSTIN.

Un écrivain qui n'écrit pas.

RAOUL.

Monsieur Martin.

JUSTIN.

Un acquéreur pour le château de Rosny, que vend monsieur le comte.

RAOUL, se levant et allant regarder par une des portes latérales*.

Ah çà ! ces maudits tapissiers n'ont donc pas terminé leur besogne ?

JUSTIN.

Pas encore, monsieur le comte ; mais ils ont promis de rendre pour ce soir les salons à la circulation.

RAOUL.

C'est insupportable !... Ils ont commencé tout à la fois !... On

ne peut plus mettre le pied qu'ici. (A Justin.) Vous avez dit que mon cheval était prêt ?
JUSTIN.
Oui, monsieur le comte, il est devant le perron... (Un Domestique qui entre remet une lettre à Raoul.)
RAOUL, prenant la lettre.
De qui ?...
LE DOMESTIQUE.
De personne, monsieur le comte; c'est un commissionnaire qui l'a apportée.
RAOUL, riant, à part.
Insolent comme un parvenu... (Le Domestique s'arrête au fond et cause avec Justin. Après avoir jeté les yeux sur la signature.) Ah! ah! c'est de Desgenais, un ancien camarade de collége. Il me demande un rendez-vous, il a besoin de ma protection... Il paraît que l'opposition ne lui a pas réussi. Encore un qui tourne de gauche à droite... Il voudrait une place de secrétaire chez monsieur de Préval... Secrétaire d'un banquier !... Voilà donc où peuvent mener des convictions sincères ? (Riant.) Ce n'est pas encourageant... (Riant plus fort.) Ah! ah!... ce pauvre Desgenais!... je le servirai assurément!... mais avant, il payera, pardieu! toutes les vérités qu'il m'a dites, à moi comme aux autres!... (A Justin.) Justin, mes gants, mon chapeau!... (Justin les lui présente.) Si quelqu'un de ces messieurs voulait me rejoindre, je serai du côté du Ranelagh. (Il sort.)

SCÈNE II.
JUSTIN, seul.

Du côté du Ranelagh!... Ah! c'est vrai, c'est la promenade habituelle de madame de Préval et de sa fille, et monsieur va, comme d'habitude, faire sa cour au galop.

SCÈNE III.
JUSTIN, JOSEPH.

JOSEPH, entr'ouvrant la porte *.
Je puis entrer, n'est-ce pas?
JUSTIN.
Oui... monsieur le comte est parti... Eh bien! quelles nouvelles?
JOSEPH.
Les fonds ont baissé.
JUSTIN.
Diable! si nous vendions?
JOSEPH.
Non, pas encore; je flaire, je crois, une opération.

JUSTIN.
Comment?

JOSEPH, à mi-voix.
Hier, en servant le thé à monsieur de Préval et à deux capitalistes de ses amis, j'ai cru deviner qu'il se mitonnait quelque chose.

JUSTIN.
Vraiment?

JOSEPH.
Je ne sais encore rien de positif; mais j'ai l'oreille aux écoutes. Je vous tiendrai au courant, et si une bonne occasion se présente, et que vous ayez un peu d'argent mignon, nous pourrons à nous deux...

JUSTIN.
Comptez sur moi; j'ai en ce moment cinq ou six mille francs dont je ne sais que faire...

JOSEPH.
Fort bien... Moi, de mon côté, en réalisant plusieurs créances, et entre autres celle de monsieur Jules de Préval...

JUSTIN.
Comment ! le fils du banquier?

JOSEPH.
Lui-même... Oui, vous comprenez? Son père lui tient la dragée haute, de sorte que je suis parfois le trésorier du jeune homme.

JUSTIN, riant.
Ah ! ah ! ah! très-joli.

JOSEPH.
Du reste, je ne le vole pas plus que les autres.

JUSTIN, avec dédain.
Emprunter à son valet de chambre !... Cela fait pitié!

JOSEPH.
Ne m'en parlez pas; nous vivons dans un temps incroyable... Je ne sais où cela s'arrêtera.

JUSTIN.
Le fait est qu'on n'a plus de respect pour rien.

JOSEPH.
On ne se respecte plus soi-même.

JUSTIN.
Plus de croyances!...

JOSEPH.
Plus de poésie dans les actes.

JUSTIN.

La nation française périclite, monsieur Joseph.

JOSEPH.

Elle s'aplatit, monsieur Justin.

JUSTIN, s'asseyant à droite.

Ah! mon cher ami, qu'il me tarde d'avoir une honnête aisance... gagnée n'importe comment!...

JOSEPH.

Pour vous retirer du monde, n'est-ce pas? dans quelque coin ignoré.

JUSTIN, soupirant *.

Oui, sur les bords de la Loire... c'est mon rêve.

JOSEPH, s'asseyant aussi.

Il se réalisera, monsieur Justin, il se réalisera!

JUSTIN, avec sentiment.

Ah! que le télégraphe vous entende! (Ils se serrent la main avec effusion.)

SCÈNE IV.

Les Mêmes, MAXIME DE TREMBLE, un Domestique. (Le Domestique

introduit Maxime.

MAXIME, en entrant.

C'est bien, j'attendrai. (Il s'assied à gauche *.)

JOSEPH, bas à Justin.

Tiens! c'est le jeune secrétaire de monsieur de Préval.

JUSTIN, bas.

Comment s'appelle-t-il?

JOSEPH.

Maxime de Tremble.

JUSTIN.

Un beau nom.

JOSEPH.

Oui, mais pas le sou, ça travaille pour vivre. Allons, à revoir.

JUSTIN.

Allez-vous à l'Opéra, ce tantôt?

JOSEPH.

Non; nous sommes forcés de mettre un pied à l'ambassade ottomane. (Ils remontent.)

JUSTIN, soupirant.

Ah! quand donc nous sera-t-il permis de ne plus nous occuper de politique?... Adieu!

JOSEPH.

Adieu! (Il sort.)

SCÈNE V.
JUSTIN, MAXIME DE TREMBLE

MAXIME.

Seriez-vous assez bon pour me dire si monsieur le comte tardera à rentrer?

JUSTIN, à part, avec dédain.

Assez bon!... parler ainsi à un domestique!... faut-il qu'il soit bas! (Haut.) Mon Dieu, mon cher monsieur... (mouvement de Maxime) je serais fort embarrassé pour répondre à votre question; car monsieur le comte me dit souvent quand il doit sortir, mais jamais quand il doit rentrer. Et même, il serait peut-être plus prudent de revenir...

MAXIME.

Quand cela?

JUSTIN, négligemment.

Ah! dame! demain, après-demain, un de ces jours.

MAXIME.

Oh! ce que j'ai à dire à monsieur le comte ne peut souffrir un aussi long retard.

JUSTIN.

Oh! quant à cela, monsieur, il y a par jour trente personnes qui, comme vous, ont toutes à dire à monsieur le comte des choses qui ne souffrent aucun retard, et cependant...

SCÈNE VI.
Les Mêmes, DESGENAIS.

DESGENAIS, dans la coulisse.

Comment, monsieur le comte n'y est pas?

JUSTIN, à Maxime.

Tenez! quand je vous le disais! encore un qui est pressé.

MAXIME.

N'importe, j'attendrai! (Il remonte au fond gauche.)

DESGENAIS, entrant par la droite sans voir Maxime.

Ah! c'est fâcheux! car j'aurais vivement désiré parler sur-le-champ à monsieur de Pintré. (A lui-même.) Allons, Desgenais, mon ami! retiens bien ta langue et salue tout le monde, même le chien du logis. (Il salue Justin*.)

JUSTIN, qui s'est avancé.

Monsieur veut-il dire son nom?

DESGENAIS, riant.

Mon nom ! hélas ! j'en ai si peu que ça ne vaut pas la peine d'en parler ; mais je cherche à m'en faire un, et dès qu'il sera fini, je vous le confierai avec plaisir.

JUSTIN, avec hauteur.

Mais, monsieur...

DESGENAIS.

Oh ! ne vous fâchez pas, je vous en prie. (Il passe à gauche.)

JUSTIN.

Mais... c'est que vous avez tout l'air de vous moquer de moi...

DESGENAIS, s'assied **.

Me moquer de vous ?... Ah ! ma foi, non.

JUSTIN.

Savez-vous, monsieur, que je suis le factotum de monsieur le comte ?

DESGENAIS.

Non, je l'ignorais.

JUSTIN, prenant son chapeau.

Son bras droit, monsieur, et que je ne souffrirai pas...

DESGENAIS, avec une politesse outrée.

Croyez bien, monsieur, que je n'ai jamais eu l'intention de vous blesser, et permettez-moi d'attendre monsieur le comte.

JUSTIN, insolemment.

Oh ! c'est inutile ! il ne rentrera pas !...

DESGENAIS, très-poli.

Jamais !

JUSTIN, même jeu.

Jamais ! (Justin va mettre son chapeau sur sa tête, Desgenais le lui fait sauter des mains.)

DESGENAIS, éclatant.

Chapeau bas ! faquin !

JUSTIN, étonné.

Monsieur !

MAXIME, apercevant Desgenais, à part.

Desgenais !

DESGENAIS, redressé de toute sa hauteur.

Ah ! drôle ! vous méprisez ceux qui vous traitent comme des hommes ! vous respecterez donc ceux qui vous traiteront comme des chiens... Sortez !

JUSTIN, ébaubi.

Mais, monsieur...

DESGENAIS, plus impérieux.

Sortez, vous dis-je !

JUSTIN, intimidé.

J'obéis. (A part.) Une telle insolence ! ce doit être un des amis de monsieur... je crois que j'ai fait une boulette. (Il sort.)

SCÈNE VII.

DESGENAIS, MAXIME.

DESGENAIS, qui n'a pas encore vu Maxime, à part riant.

« Chassez le naturel il revient..... » Ah ! je ne me suis pas longtemps tenu parole et me voilà déjà fâché avec le chien du logis. (Il passe à droite.)

MAXIME, qui est descendu souriant.

Incorrigible*!

DESGENAIS, se retournant et l'apercevant.

Maxime !... Maxime de Tremble ! Eh quoi ! c'est vous, mon cher enfant ? Mais embrassez-moi donc, sacrebleu !... que je suis aise de vous revoir ! Et la famille va bien ?

MAXIME.

Très-bien... et elle ne vous oublie pas.

DESGENAIS ému.

Vraiment ?

MAXIME.

Non, car, là-bas, dans les longues veillées, j'ai entendu murmurer bien souvent contre l'oublieux Desgenais.

DESGENAIS.

Et moi, cher, j'ai bien souvent pensé à vous, et à votre sainte famille ; dans mes jours d'orage, ma pensée a volé bien souvent vers le port où l'amitié m'avait offert un refuge, vers la tranquille vallée où le grand cœur de M. de Tremble a été cacher ses souvenirs et ses regrets.

MAXIME.

Et sa pauvreté.

DESGENAIS.

Sa pauvreté ?

MAXIME.

Vous savez, mon ami, que mon père fut un de ceux qui suivirent un jour l'empereur proscrit, après l'avoir suivi si longtemps victorieux.

DESGENAIS.

Oui.

MAXIME.

Eh bien, quand le génie de la France eut fermé ses ailes, lorsque l'aigle fut endormi, mon père revint en France; mais il refusa de prendre du service. Le pays, d'ailleurs, n'avait plus besoin de son bras... Mais il avait encore besoin de son intelligence, mon père se fit donc manufacturier; en dix années, il avait amassé une brillante fortune... La révolution la lui prit en un mois; M. de Préval, le banquier de mon père, fut ruiné aussi à cette époque, mais il se rallia prudemment à la royauté nouvelle, dont les munificences le mirent à même de rétablir son crédit ébranlé... Mon père aurait pu l'imiter, il ne tenait qu'à lui de tendre la main, comme M. de Préval, comme tant d'autres, et il eût pu encore être riche, heureux.....

DESGENAIS.

Et ingrat!

MAXIME.

Il a préféré rester pauvre et fidèle.

DESGENAIS, avec éclat.

Et il a bien fait, morbleu! car, au moins en mourant il lèguera à ses descendants le respect de tous, même de ceux qu'il a refusé de servir... Noble héritage, Maxime! Ah! tenez, c'est bien, c'est une grande chose, et qui console des petites. (Riant.) Ah! dame, vous le savez, mon jeune ami, je suis fanatique, je l'ai toujours été... ç'a été mon patrimoine, à moi, le seul, en vérité. — Je suis un enfant d'un autre siècle, un homme d'autrefois, et je m'incline avec respect devant ceux-là qui gardent comme une relique, jusqu'à la tombe, les grands souvenirs qui ont entouré leur berceau... Mais pour en revenir à ce qui vous concerne...

MAXIME. Ils s'asseyent à droite.

Mon Dieu, mon cher Desgenais, c'est bien simple : j'ai deux sœurs, et j'étais venu à Paris pour tâcher de leur gagner une dot. J'ai fait bien des efforts déjà; j'ai même essayé de la littérature.

DESGENAIS.

Pauvre garçon!

MAXIME.

J'ai une pièce reçue au Théâtre-Français, une grande comédie, c'est mon dernier espoir.

DESGENAIS.

Bath!... courage, cher enfant!... il en faut dans cette bataille de la vie; j'en sais quelque chose, moi, qui ai tenté de déchiffrer cette grande énigme du minotaure parisien. Vivre honnêtement, en ne cessant pas d'être honnête, et en disant leurs vérités aux hommes.

MAXIME, souriant

Oui, je sais...

DESGENAIS.

C'était bien ambitieux n'est-ce pas? mais je vous l'ai dit, j'ai toujours aimé l'extraordinaire, l'impossible. Du reste, ce système, je dois l'avouer, me réussissait assez mal. Eh bien ! cela ne me décourageait pas... tant que je ne jouais que mon propre bonheur à ce jeu dangereux que l'on nomme la franchise, et je laissais caracoler la mienne à sa fantaisie, fouettant sans pitié toutes les mesquineries, toutes les petitesses qui me faisaient sourire. (Gaiement.) Ah ! morbleu ! c'est si bon de jeter toutes leurs vérités à la face de ces pantins sérieux dont l'égoïsme et l'hypocrisie tiennent les fils, et de leur dire d'avance le mot de la comédie pour laquelle ils ont mis du clinquant sur leur dos et du rouge sur leurs joues !

MAXIME.

Desgenais...

DESGENAIS.

Vous avez raison, il doit y avoir des pantins ici, il y en a partout, et ces pantins, j'en aurai besoin pour une représentation à mon bénéfice... Il faut donc décidément que je me fasse opérer de ma franchise.

MAXIME.

Il le faut.

DESGENAIS.

Oui, dans l'intérêt de ma petite Marie.

MAXIME.

Marie ! qui est-ce ?

DESGENAIS.

Ah ! c'est toute une histoire ! Voilà ce que c'est : il y a deux ans, un jour d'orage, je me trouvais rue de l'Abbaye, dans l'atelier d'un de mes amis, un sculpteur nommé Raphaël Didier... Une enfant perdue vint s'abattre devant la porte ; seule au monde ; en entrant, une heure après, elle était de la famille, et Raphaël admirait déjà son front d'ange... Mais, le soir venu, un diable nommé Marco emportait Raphaël loin de Marie, loin de sa mère... Trois mois après, Raphaël revenait mourir dans son atelier, et enfin, deux jours plus tard, Marie pleurait sur deux tombes... Madame Didier était morte aussi, laissant à l'orpheline tout ce qui avait appartenu à Raphaël... Marie était encore une fois seule au monde, je lui offris un asile dans ma maison, auprès d'une vieille tante à moi... Quelques jours après on vendait tout chez Raphaël, et le montant de la vente, joint aux économies de madame Didier, put former une quarantaine de mille francs, une petite dot pour Marie, si jamais

Marie oubliait ses amours défunts. Et voilà comme quoi je suis devenu père, frère, ou tuteur, comme vous voudrez.

MAXIME, avec effusion, lui serrant la main.

Mon ami...

DESGENAIS, se levant.

Mais ce n'est pas tout... Il s'est révélé tout dernièrement un certain monsieur Martin, un riche boutiquier, qui, à ce qu'il paraît, s'apprête à nous jeter un procès dans les jambes... Ce monsieur qui a toujours souverainement méprisé les arts, et qui avait jadis renié Raphaël pour son cousin, quand celui-ci était pauvre, juge bon, aujourd'hui, de revendiquer ce titre, afin de recueillir sa succession. J'ai caché jusqu'à ce jour à Marie le danger qui menace sa petite fortune; car je veux tenter de museler le Martin... et j'espère même le rencontrer chez monsieur le comte Raoul, à qui je viens demander, par parenthèse, de me faire obtenir une place par son crédit. (Il descend à gauche. Maxime le suit.) Et il est temps, car je ne possède plus rien que mon mobilier, et encore dans quelques jours il est probable qu'il meublera la place du Châtelet.

MAXIME.

Comment!...*

DESGENAIS.

Mon Dieu, oui...; j'attends qu'on me le saisisse comme m'a déjà saisi mes idées, mes presses et mon argent.

MAXIME.

Et je suis pauvre!

DESGENAIS.

Pardieu! si vous étiez riche, je ne vous raconterais pas cela. (Il va à la table.)

MAXIME.

Mais enfin, quelle place allez-vous demander?

DESGENAIS.

Celle de secrétaire chez monsieur de Préval.

MAXIME.

Hein?...

DESGENAIS.

Restée vacante, par suite du départ d'un certain monsieur appelé à d'autres fonctions, comme dit la partie officielle.

MAXIME, allant vers Desgenais.

Ma foi, mon cher Desgenais, voici un hasard bien étrange.

DESGENAIS.

Comment?...

MAXIME.

Ce secrétaire sortant...

DESGENAIS.

Eh bien?

MAXIME.

C'est moi-même, et j'étais venu justement ici avec l'intention de prier monsieur le comte de me faire rendre mon portefeuille.

DESGENAIS.

En vérité? Oh! mais alors, je renonce à ma candidature.

MAXIME.

Cher ami!

DESGENAIS.

Ah çà! dites-moi donc ce qui a pu motiver votre destitution...

MAXIME.

Ma foi, je l'ignore encore.

DESGENAIS.

Voyons... Monsieur de Préval est marié... marié à une femme charmante, qui peut assurément cacher dix ans sur les trente-quatre qu'elle a peut-être. Monsieur de Préval était jaloux?

MAXIME.

Lui? oh! non, je vous jure!

DESGENAIS.

Mais attendez donc!... il a une fille..

MAXIME.

Oui, mademoiselle Anna.

DESGENAIS.

Vous l'aimez?...

MAXIME, timidement.

Je le crois.

DESGENAIS.

Moi, j'en suis sûr... voilà tout le mystère... Vous êtes sans fortune et le millionnaire s'est effrayé de... Mais, pardon... mademoiselle Anna vous aimait-elle? (Il s'assied.)

MAXIME.

Autrefois, oui, peut-être... elle était alors au couvent, et on ne lui avait pas encore appris à n'aimer que la fortune.

DESGENAIS.

Et depuis ce temps elle a complété son éducation.

MAXIME.

Oui... oh! mon cher Desgenais! je suis bien malheureux... car, voyez-vous, Anna et moi nous avons presque été élevés ensemble... c'était aux jours de notre prospérité, j'étais accueilli, fêté dans sa famille... Anna m'appelait son frère ; et quand les mauvais jours furent venus et que je me séparai d'elle, elle pleura. Il y a quelques mois encore, elle avait pour moi de bonnes paroles, de doux regards; mais aujourd'hui, Anna n'est plus qu'une belle demoiselle, et je suis seul à me souvenir; car il n'y a plus rien pour moi dans cette vie d'enfant heureuse, ni une larme, ni un regret... (Il descend).

DESGENAIS, se levant.

Cependant, ce n'est pas elle qui a pu provoquer la mesure sévère dont vous avez été la victime.

MAXIME.

Non, sans doute; c'est madame de Préval.

DESGENAIS.

Ah!... (Il descend.)

MAXIME.

Madame de Préval, qui jusque-là avait été pourtant si bonne pour moi!

DESGENAIS.

Ah! elle était!...

MAXIME.

Bien souvent elle m'avait parlé de ma famille, de mon avenir, avec un intérêt, une chaleur!...

DESGENAIS, rêvant.

Fort bien. *

MAXIME.

Une fois même... Tenez, il y avait bal à l'hôtel... la nuit était déjà fort avancée, et je m'étais retiré dans un petit boudoir solitaire où je rêvais...

DESGENAIS.

A mademoiselle Anna, qui dansait en ce moment avec des petits Laffitte en herbe.

MAXIME.

Tout à coup, en me retournant, j'aperçus à mes côtés madame de Préval qui fixait sur moi ses beaux yeux, dans lesquels je lus un intérêt plus grand encore que jamais...

DESGENAIS, à part.

Ah! ah!

MAXIME.

Elle était comme troublée et semblait avoir quelque chose à me dire.

DESGENAIS.

Et alors?

MAXIME.

En ce moment, j'entendis la voix de mademoiselle Anna dans

une pièce voisine, involontairement je tressaillis, et une vive rougeur me monta au visage... Madame de Préval me regardait. Tout à coup sa physionomie changea... une ombre légère vint plisser son front, un sourire amer glissa sur ses lèvres, elle se leva lentement et s'éloigna sans m'avoir dit un mot. Quelques jours plus tard...

DESGENAIS.

Vous suiviez tout pensif le chemin de...

MAXIME.

Que dites-vous?

DESGENAIS.

Du Racine... Écoutez, mon ami. Voulez-vous me permettre d'agir à ma fantaisie?

MAXIME.

Eh bien?

DESGENAIS.

Eh bien, si on me donne votre place, je la prends.

MAXIME, étonné.

Ah!

DESGENAIS.

Et peut-être un jour vous en donnerai-je une autre.

MAXIME.

Où cela?

DESGENAIS.

Dans le cœur d'Aricie... (se reprenant) de mademoiselle Anna.

MAXIME.

Quoi?

DESGENAIS.

J'ai mon idée... laissez-moi faire.

MAXIME.

Oh! je m'abandonne à vous.

DESGENAIS.

Très-bien. (Bruit de voiture.)

MAXIME.

Voici peut-être monsieur le comte. (Il s'approche de la croisée.) Une voiture s'arrête devant l'hôtel.

DESGENAIS.

Non, mon ami, ce n'est pas une voiture... ceci doit être un fiacre.

MAXIME, à la fenêtre.

En effet, une jeune fille en descend.

DESGENAIS.

C'est Marie!...

MAXIME.

Ah!...

DESGENAIS.

Je lui avais dit de venir me reprendre ici au bout d'une heure... Je voulais la présenter à mon ancien ami; mais...

MAXIME.

La voilà!

SCÈNE VIII.

Les Mêmes, MARIE.

MARIE, au Domestique qui l'introduit.

Merci, monsieur. (A Desgenais.) Bonjour, mon ami. (A Maxime.) Monsieur... (A Desgenais.) Vous n'avez donc pas vu le comte?

DESGENAIS.

Non, mon enfant, pas encore, mais il ne peut tarder, et nous allons l'attendre.

MARIE.

Mais ma tante qui est dans la voiture...

DESGENAIS.

Oh! elle dormira. (Présentant Maxime.) Monsieur Maxime de Tremble, Marie... un cœur honnête!... Vous pourrez vous entendre.

MARIE.

Si monsieur a besoin d'une amie...

MAXIME.

Ah! mademoiselle!

DESGENAIS.

Oui, sacrebleu! il a besoin d'une amie, car il aime et il n'est pas aimé.

MARIE, émue.

Et cela fait bien souffrir, n'est-ce pas, monsieur?

DESGENAIS, à part.

Maladroit que je suis!... (Haut.) Pardon, mon enfant... (Il lui essuie les yeux.)

MARIE, souriant.

C'est passé, mon ami!... (Elle s'éloigne un peu.)

MAXIME, bas à Desgenais.

Qu'a-t-elle donc?...

DESGENAIS, bas.

Elle aimait Raphaël, et Raphaël est mort en en aimant une autre. (A lui-même.) Et sans l'avoir même remarquée, elle, cet ange de candeur et de bonté! Et je suis sûr que cent autres encore passeront comme lui sans le voir auprès de mon trésor. (Gaiement.) Allons, décidément notre globe n'est pavé que d'imbéciles!

MARIE, revenant à lui.

Ah! mon ami, vous m'aviez promis...

DESGENAIS.

De laisser passer la foule sans lui tirer la langue, c'est convenu, je le disais tout à l'heure à monsieur Maxime ; ça me sera bien un peu difficile... L'habitude... Mais je penserai à toi, et je n'oublierai plus ce que je dois faire dans l'intérêt de ma petite Marie.

MARIE.

Et dans le vôtre.

DESGENAIS, gaiement.

Oui, je trouverai charmant tout ce que dira le premier venu, s'il paye patente et s'il a des breloques à son gilet, et je délivrerai une pinte de mon sang sur la simple présentation d'une carte d'électeur. Avant peu, je serai un courtisan, un pied plat ; je prendrai un professeur de courbettes, et j'achèterai un petit encensoir. Avant peu tout le monde m'estimera, excepté moi. Mais, bath !... au diable les grandes vertus dont on ne rend pas la monnaie ! et vivent les petits vices à l'effigie et ayant cours !

MARIE.

Ah ! mon ami, vous ne pensez pas ce que vous dites.

DESGENAIS.

Si fait, mademoiselle !... Et je vais penser comme ça jusqu'à ce que j'aie fait fortune, et alors !... oh ! alors, je me dédommagerai... Tu épouseras un honnête homme. Je connais quelqu'un de très-fort qui te trouvera ça. — C'est un employé à la section des médailles. — Et une fois mariée, tu donneras à dîner à nos contemporains une fois par semaine... On se dira des vérités tout le temps... Au dessert, il n'y aura plus personne. Ce sera très-gai.

MARIE*.

Vous voyez bien que vous continuez.

DESGENAIS.

Non, je finis... Je vide mon sac dans l'antichambre, en attendant que j'entre au salon.

GANDIN, dans la coulisse.

Ah! ah ! bravo !... très-joli !... ce sera magnifique... (Il entre, suivi de Justin, et salue en passant.) Et tu dis que le petit boudoir est restauré aussi ?

JUSTIN.

Oui, monsieur, vert et or.

GANDIN.

Voyons ça !... (Il disparaît un instant du côté opposé.)

MAXIME.

Quel est ce monsieur ?

DESGENAIS.

Ah! ma foi! un bon guide à suivre pour la route que je me suis tracée... Cette chose en noir se nomme Paul Gandin. C'est une sorte de claqueur parasite, que l'on invite à dîner, pour faire les entrées à chaque service et crier : Bravo! au champagne!... Monsieur Paul Gandin est la plus heureuse nature que l'on puisse voir... Sa petite existence est un éternel jeu d'optique, une illusion perpétuelle! Bref! il est venu à bout de se prendre au sérieux et de croire qu'il existe, et sous prétexte qu'il cause avec des actrices, soupe avec des millionnaires, trotte avec des marquis et salue des officiers de la Légion d'honneur, monsieur Paul Gandin a fini par se croire positivement homme de lettres, riche, noble et décoré!

MARIE, qui regardait des albums, avec reproche.

Mon ami, je vous y prends encore.

DESGENAIS, s'asseyant près de Marie.

C'est le fond du sac. Il n'y a plus rien.

SCÈNE IX.

LES MÊMES, GANDIN, JUSTIN, puis M. MARTIN *.

GANDIN.

C'est charmant!... ravissant!... c'est du meilleur goût! Ce cher comte a pris mon tapissier... il a bien fait; c'est un garçon qui travaille bien.

DESGENAIS, bas, à Maxime.

Et qu'on paye mal.

GANDIN, lorgnant la salle à manger.

La salle à manger est fort bien aussi... (S'adressant à Desgenais.) Moi, d'abord, je ne comprends pas qu'on puisse dîner sans être entouré de tout ce confortable.

DESGENAIS, à Maxime.

C'est donc cela qu'il ne dîne jamais chez lui.

JUSTIN, annonçant.

Monsieur Martin!

DESGENAIS, se levant, à part.

Lui!

GANDIN, allant à lui.

Ah! c'est vous cher monsieur!... Touchez là, je vous prie... (Il lui prend la main.)

MARTIN, bourru*.

Monsieur, je vous salue... (Gandin lui prend le bras et cause avec lui.)

MAXIME, à Desgenais.

Mais, dites-moi donc?... Ce monsieur Martin, c'est

DESGENAIS.

Eh! parbleu! c'est le cousin de Raphaël, l'homme qui veut dépouiller Marie... Oh! je tiens à ce qu'elle ignore encore...' (Passant à Marie.) Mon enfant, monsieur le comte tarde trop, va rejoindre ta tante.

MARIE.

Vous ne voulez donc plus me présenter?... Pourtant, vous me disiez encore ce matin que monsieur de Pintré aurait peut-être plus de peine à refuser...

DESGENAIS.

Une charmante enfant comme toi, Marie, c'est vrai; mais enfin, je vais essayer tout seul, et si j'échoue, eh bien, nous ferons donner la réserve... Va, va!

MARIE.

Vous le voulez?... Alors, nous allons continuer nos courses, et en revenant, je demanderai si vous êtes encore là.

DESGENAIS.

C'est cela... Adieu, et sois tranquille, je vais devenir un intrigant.

MARIE.

Il ne faut pas le devenir trop, cependant.

DESGENAIS.

Oh! je crois qu'il n'y a pas de danger... (A Maxime, qui est rêveur.) Allons! allons! courage, mon ami!... et si mademoiselle Anna ne vous aime pas quelque jour, eh bien, ce ne sera pas de ma faute... Au revoir! Conduisez Marie jusqu'à sa voiture... (A demi-voix.) Vous me gêneriez ici, puisque je vais demander votre place.

MAXIME.

C'est juste! (A Marie, en lui offrant son bras.) Mademoiselle? (Marie l'accepte timidement.)

DESGENAIS, embrassant Marie.

Va, mon enfant... appuie... n'aie pas peur, c'est le bras d'un honnête homme... A bientôt!

MARIE.

A bientôt! (Ils sortent.)

SCÈNE X.

DESGENAIS, GANDIN, M. MARTIN.

DESGENAIS, à part.

Voilà deux êtres qui ont besoin de moi; voilà moi qui ai besoin de tout le monde. (Gaiement.) Allons! allons! de l'adresse, de la dissimulation, de la patience!... et ne craignons pas de nous crotter... (Il s'asseoit et feuillette une brochure.)

GANDIN, continuant une conversation commencée.

Comment, vous ne connaissez pas le marquis?

MARTIN, impatienté.

Le marquis! quel marquis?

GANDIN.

Mais le marquis Albéric de Grandchamp, mon ami... mon ami intime.

MARTIN.

Non..., je ne connais pas.

GANDIN.

Vous plaisantez?... Il est fils du général Grandchamp.

MARTIN.

Eh bien?

GANDIN.

Le père a été tué sous l'empire.

MARTIN.

Ce n'est pas une raison pour qu'on connaisse le fils.

DESGENAIS, à part, regardant Martin.

On dirait que celui-là a du bon.

GANDIN.

Albéric a servi dans la marine, mais cela ne l'amusait pas; il a donné sa démission au bout de dix-huit mois.

MARTIN.

Eh bien, il a eu tort.

GANDIN.

Quel homme étonnant!... brave comme un lion! il a eu dix duels! et grand seigneur! ah! il a mangé quatre cent mille francs en six ans... toute sa fortune.

DESGENAIS, poliment.

Avec vous?

GANDIN.

Avec moi et avec d'autres.

MARTIN.

Mais s'il a mangé toute sa fortune, de quoi diable vit-il maintenant?

GANDIN, naïvement.

Ah! je l'ignore... Tout ce que je sais, c'est qu'il vit fort bien et qu'il a encore deux chevaux.

DESGENAIS.

Qu'il vous prête?

GANDIN.

Qu'il me prête... Oh! nous ne nous quittons presque pas... nous allons tous les jours au bois.

DESGENAIS, à part.

En attendant qu'ils aillent à la falourde.

GANDIN*.

Nous rencontrons là les femmes à la mode... je les connais toutes, et Albéric aussi.

DESGENAIS.
Oui, il en connaît, lui, pour quatre cent mille francs.
GANDIN.
Nous avons parfois des aventures charmantes.
MARTIN.
Au même prix?
GANDIN.
Oh! non, vous comprenez?... quand on a mangé quatre cent mille francs...
DESGENAIS.
On a du crédit.
GANDIN, riant.
Certainement... Du reste, Albéric se range; il a une maîtresse en titre, mademoiselle Phrasie.
MARTIN.
Mademoiselle Phrasie, qui est-ce?
GANDIN.
C'est mademoiselle Phrasie.
MARTIN.
Mais que fait-elle?
GANDIN.
Ah! je ne sais pas... tout ce que je sais, c'est que c'est une fille charmante.
DESGENAIS.
Ah! très-bien! Et vous appelez cela se ranger, vous?
GANDIN.
La petite m'a même dit qu'il voulait l'épouser.
DESGENAIS.
Oh! bien, tâchez donc de faire ce mariage-là... pour la famille.
GANDIN.
Il lui a acheté un petit hôtel, rue de Londres... une vraie bonbonnière, un rez-de-chaussée et un étage, cinquante mille francs... tout meublé.
MARTIN.
Mais comment diable peut-il payer ça?
GANDIN.
Je ne sais pas, par exemple. Ah! c'est un charmant garçon! Du reste, je le dis à qui veut l'entendre.
DESGENAIS.
Franchement, vous lui devez bien ça.
GANDIN, s'asseyant à la table.
Tenez, hier, nous sommes allés tous les trois à la Renaissance...
DESGENAIS.
Tous les trois?

GANDIN.

Oui; oh! je ne les quitte presque pas, la petite m'adore...

DESGENAIS.

Est-ce qu'elle vous fait une remise?

GANDIN.

Comment une?...

DESGENAIS.

Continuez donc!

GANDIN.

Nous avions pris une avant-scène, et de là nous sommes allés souper chez Véfour, une soirée charmante.

MARTIN.

Mais où diable prend-il de l'argent pour?...

GANDIN, se levant.

Ah! je ne sais pas!

DESGENAIS, à part.

Touchante insouciance!

GANDIN.

Cependant, entre nous, je crois qu'il mange son patrimoine en herbe.

DESGENAIS.

Eh bien, entre nous, il mériterait de le manger en foin.

GANDIN.

Pourquoi donc ça?

DESGENAIS.

Parce qu'il choisit fort mal ses maîtresses... (Gandin rit. — Desgenais continue.) Et ses amis.

GANDIN.

Comment? comment?

MARTIN, se levant.

Monsieur a raison, et je ne comprends pas que l'on vive aux dépens d'un homme qui vit lui-même aux dépens des autres.

DESGENAIS*.

Certainement! (A part.) Tant pis, je démolis le Gandin. (Montrant Martin.) Je me ferai un ami de celui-ci avec les morceaux de l'autre.

GANDIN, piqué.

Je conviens qu'avant de faire de moi son ami, monsieur le marquis de Grandchamp aurait dû consulter monsieur Martin.

MARTIN.

Eh! mais...

GANDIN.

Et monsieur... Monsieur ?...

DESGENAIS.

Desgenais, pour vous servir.

GANDIN.

Et moi, monsieur ; Gandin, pour vous être agréable !...

DESGENAIS.

Monsieur Gandin, homme de lettres...

MARTIN, cherchant.

Homme de lettres... Je ne savais pas...

DESGENAIS, à Martin.

Ah ! je vais vous dire, c'est comme pour le père de monsieur de Grandchamp... (Désignant Gandin.) Le père de monsieur a été tué dans la littérature.

GANDIN, qui n'a pas entendu.

Du reste, je ne suis pas, je l'avoue, de ces fabricants littéraires, de ces ouvriers dramatiques qui produisent, qui produisent !... Moi, messieurs, je ne produis pas... j'attends que le bon goût ait fait justice de toutes les réputations usurpées de l'époque, et pourtant, si je voulais !... Ce ne sont pas les occasions qui me manquent, croyez-le bien. — Tous les théâtres me sont ouverts, et le directeur de l'Opéra me disait hier encore...

DESGENAIS.

Ah !... vous connaissez ?...

GANDIN.

Je ne le quitte presque pas. — « Mon cher Gandin, me disait-il, vous êtes aussi trop paresseux ! Voyons !... donnez-moi donc un poëme.

DESGENAIS.

Et vous avez refusé ?

GANDIN.

Oui, parbleu !... Car pour ce que je rêve... pour ce que j'ai là... il faudrait un public d'élite, et je me contente de semer çà et là quelques distiques sur les albums de mes amis, et de faire de temps à autre pour mon journal, la *Feuille morte*, des comptes rendus de théâtre, des aperçus critiques... Ah ! ah ! j'arrange bien toutes nos célébrités, allez ! de Musset, de Balzac et cætera, personne n'est épargné !

DESGENAIS.

Enfin, si vous ne faites rien, vous crachez, du moins, sur ce que font les autres.

GANDIN.

Plaît-il?

DESGENAIS.

Eh bien! mais c'est très-commode, cela, c'est à la portée de tout le monde, il n'y a pas besoin de talent, il ne faut que de la salive.

GANDIN.

Monsieur... ces paroles...

DESGENAIS.

Ne faites pas attention, c'est un petit aperçu critique...

JUSTIN, entrant, à Gandin.

Monsieur, faut-il frapper le Champagne?

GANDIN.

Sans doute! sans doute!... Mais j'y vais moi-même! (A part.) Ce ton!... (Saluant froidement.) Monsieur, je vous salue; vous attendez monsieur le comte, m'a-t-on dit. (Avec intention.) Si vous avez besoin de mon crédit auprès de lui, agissez sans façons, je vous prie...

DESGENAIS, même jeu.

Oh! je n'en abuserai pas, je vous le promets.

GANDIN, à part.

Ce ton!... C'est inouï... Mais je le rattraperai, ce monsieur... (Il sort.)

SCÈNE XI.
DESGENAIS, MARTIN.

DESGENAIS, à part.

Je crois que ma maudite langue a encore fait des siennes! Heureusement que cela aura servi les intérêts de Marie auprès de monsieur Martin.

MARTIN, qui regardait Gandin s'éloigner.

Dire que le monde est obstrué par des gens de cette espèce, gens inutiles, inconnus, et qui font plus de bruit et de poussière que n'en firent jamais des gens sérieux comme nous!

DESGENAIS.

Vous me flattez, monsieur!

MARTIN.

Non pas... J'ai vu tout de suite à qui j'avais affaire... Je suis sûr que nous nous entendrons.

DESGENAIS.

Je le souhaite, monsieur... (Martin lui offre du tabac; à part.) Allons! allons! ça ira tout seul*.

MARTIN.

Monsieur est dans le commerce?

DESGENAIS.

Pardonnez-moi, monsieur, mais...

MARTIN.

J'entends!..... Vous êtes banquier, agent de change!..... Mais c'est égal... tout cela se tient!... tout cela touche au solide.

DESGENAIS.

Mon Dieu, monsieur, je suis désolé de vous détromper, mais... je ne suis rien de tout cela.

MARTIN.

Qu'êtes-vous donc alors?

DESGENAIS, à part.

Diable! on dirait que... enfin! (haut.) En ce moment, monsieur, je ne suis rien.

MARTIN.

Et qu'étiez-vous avant?

DESGENAIS.

Beaucoup de choses, monsieur.

MARTIN.

Mais encore?...

DESGENAIS.

J'étais romancier, peintre, musicien et journaliste.

MARTIN, avec dédain.

Ah! fort bien... Enfin, monsieur était aussi dans les arts... libéraux, je crois?

DESGENAIS, se contenant.

Oui, monsieur... libéraux... C'est ainsi qu'on les appelle.

MARTIN.

C'est une fort jolie branche!... fort jolie branche!...

DESGENAIS.

Oui... Pour se pendre, quelquefois.

MARTIN, avec dédain.

Mais, vous m'excuserez, monsieur... je ne connais pas cette partie-là. (Mouvement de Desgenais, avec orgueil.) Moi, monsieur, j'ai fait ma fortune dans la limonade!

DESGENAIS, à part*.

Sapristi!... un limonadier! je suis perdu!

MARTIN.

Tel que vous me voyez, monsieur, j'ai commencé par être garçon de café, et, plus tard, avec la dot de ma femme... une femme charmante, morte à la peine! (il ôte son chapeau) j'ai fondé un petit établissement, puis un plus grand... et, à cette heure, j'ai quarante bonnes mille livres de rentes qui ne doivent rien à personne.

DESGENAIS.

Je n'en doute pas, monsieur.

MARTIN.

Et je vais acheter très-probablement le château de monsieur de Pintré sur mes économies.

DESGENAIS.

Comme dans *la Dame Blanche*.

MARTIN.

Je ne connais pas. (Appuyant.) Quarante mille livres de rentes... ce n'est pas dans les arts libéraux que l'on gagne cela, monsieur.

DESGENAIS.

Pas tous les jours, du moins. (A part.) Ménageons-le.

MARTIN.

Le commerce, voyez-vous, monsieur? c'est le roi du monde!

DESGENAIS.

Je suis de votre avis, monsieur Martin; mais le roi ne suffit pas, il faut des sujets. Eh bien! la peinture, la sculpture, la musique...

MARTIN.

Il en faut un peu, certainement, je le reconnais. Je ne suis point aussi exclusif que vous pourriez le croire; et la preuve, c'est que moi aussi j'ai encouragé les arts; ainsi, dans mon dernier établissement, le Café de France; j'avais beaucoup de peintures, des sujets allégoriques qui m'avaient même coûté fort cher. De plus, le soir, je laissais entrer les musiciens de huit à neuf heures; et, enfin, si je vous invitais à venir chez moi, dans ma maison de la rue des Moulins, vous verriez sous mon péristyle, deux fort grandes statues à peine habillées, et ayant chacune une lanterne sur la tête.

DESGENAIS.

Une lanterne?

MARTIN.

Je comprends la sculpture comme cela, parce qu'elle sert à quelque chose... mais toutes ces statues, une jambe ou un bras en l'air, à quoi sont-elles bonnes, puisqu'on n'y a pas même ménagé de conduit pour le gaz... à quoi?...

DESGENAIS, accablé, le regardant d'un air hébété.

A rien du tout, monsieur.

MARTIN.

N'est-ce pas? Eh bien, voilà ce que beaucoup de gens ne veulent pas entendre. Ainsi, je me suis fâché, jadis, à cause de cela, avec un mien petit cousin.

DESGENAIS, à part.

Nous y arrivons.

MARTIN.

Il se nommait Raphaël Didier. Je voulais le pousser dans la limonade, et lui avancer de quoi prendre un établissement. Eh bien! croiriez-vous, monsieur, qu'il a préféré se faire sculpteur?

DESGENAIS.

C'est incroyable!

MARTIN.

Vous sentez bien que je n'avais pas envie de me ruiner pour des orgueilleux, des dissipateurs... car Raphaël avait une mère qui l'encourageait dans sa folie... elle se privait de tout pour acheter à son fils des corps sans tête, des têtes sans bras, enfin un tas de statues en fort mauvais état, et qui coûtaient, notez-le bien, plus cher que des statues tout entières... Aussi, ma foi! j'ai abandonné mon petit cousin et sa mère.

DESGENAIS, s'essuyant le front.

Vous avez bien fait, monsieur.

MARTIN.

Ils m'auraient mis sur la paille.

DESGENAIS.

Ah! cependant, permettez... le travail de Raphaël s'est assez bien vendu à sa mort.

MARTIN.

Ah! vous savez?

DESGENAIS.

Monsieur, je suis le tuteur de Marie.

MARTIN.

Hein?

DESGENAIS.

De Marie, à qui madame Didier a laissé tout ce qui avait appartenu à Raphaël.

MARTIN, vivement.

Par un écrit, un simple écrit, sur papier mort, et qu'elle n'avait pas le droit de faire... car l'héritage de Raphaël revenait à la famille, et j'étais le seul parent...

DESGENAIS, se contenant toujours.

Vous vous en êtes souvenu un peu tard, monsieur.

MARTIN.

Comment cela, monsieur? Mais vous êtes dans l'erreur, entendez-vous? car, à une certaine époque, je les avais aidés de ma bourse, monsieur. J'avais fait de fortes avances; en une année, je leur avais prêté plus de quatre cents francs, dont je n'ai jamais touché un sou.

DESGENAIS.

Mais, permettez, monsieur, de cette modique somme à celle produite par...

MARTIN.

Modique!... modique!... Vous êtes donc bien riche, vous, monsieur?...

DESGENAIS.

Pardonnez-moi, monsieur, je suis pauvre; mais si je prêtais quatre cents francs, je ne prendrais pas trente-neuf mille six cents francs d'intérêts pour un an.

MARTIN.

Enfin! enfin! que voulez-vous, monsieur?

DESGENAIS.

Je viens en appeler à votre générosité, à votre délicatesse.. Marie ne possède que ce qu'elle tient de madame Didier, et je viens vous demander, au nom de ceux qui ne sont plus et qui l'aimaient, de ne pas la dépouiller de son petit héritage.

MARTIN.

Ouais... vous me demandez?

DESGENAIS.

De faire une bonne action.

MARTIN.

Une bonne action de quarante mille francs! Tudieu! vous en parlez à votre aise; on voit bien que vous n'avez pas le sou.

DESGENAIS.

Monsieur!...

MARTIN.

Eh! monsieur, il est inutile de nous quereller... Si ses droits sont constatés, mademoiselle Marie gardera l'argent... Sinon, elle voudra bien me le rendre, s'il vous plaît; car, je l'aime autant dans ma poche que dans la sienne.

DESGENAIS.

Pourtant, monsieur, avec votre fortune...

MARTIN.

Eh bien! quoi! Ma fortune, je ne la dois qu'à moi-même,

après tout... Et sous prétexte que j'ai amassé quelque chose, faut-il que je le gaspille au profit des premiers venus ?

DESGENAIS.

Mais enfin, monsieur, ces premiers venus ont des droits sacrés...

MARTIN.

Et moi, j'en ai de légaux, monsieur... Le tribunal appréciera... (Il remonte.)

DESGENAIS.

Ah ! monsieur... (A part.) Je le sens, je vais éclater.

MARTIN, qui était remonté, redescendant.

Écoutez cependant, monsieur, j'ai quelque chose à vous proposer.

DESGENAIS.

Comment ?*

MARTIN.

Vous pouvez me rendre un service, qui ne vous coûtera que quelques paroles... vous n'aurez rien à débourser... A cette condition, et si la chose que je vais vous dire réussit, je renoncerai au procès que...

DESGENAIS.

Je vous écoute, monsieur.

MARTIN.

Je vous ai dit que j'étais en pourparler avec monsieur de Pintré, pour l'achat de son château de Rosny...

DESGENAIS.

En effet.

MARTIN.

Monsieur de Pintré demande quatre cent mille francs de son château, de la main à la main; car il est pressé de réaliser, et ne voudrait pas subir les lenteurs ordinaires.

DESGENAIS.

Eh bien ?

MARTIN.

Eh bien, je vais lui en proposer trois cent mille comptant.

DESGENAIS.

Mais...

MARTIN.

Je le connais... il acceptera, si l'on s'y prend bien... si on le presse... En un mot, si on ne lui laisse pas le temps de se reconnaître...

DESGENAIS.

Et vous voulez... le griser peut-être ?...

MARTIN.

Oh! non, il ne se grise pas.

DESGENAIS, à part.

Contiens-toi, mon cœur! (Haut.) Que puis-je faire alors?

MARTIN.

Appuyer tout ce que je dirai au sujet du château.

DESGENAIS.

Je ne le connais pas.

MARTIN.

Vous direz que vous le connaissez.

DESGENAIS.

Mais ce sera un mensonge.

MARTIN.

Oui, un mensonge de quarante mille francs! et l'on ment si souvent pour rien.

DESGENAIS.

Monsieur!...

MARTIN.

Vous gagnez quarante mille francs dans votre matinée, et moi j'en gagne soixante, voilà!

DESGENAIS.

Jamais... je...

MARTIN, lui serrant la main.

Silence!... on vient... Secondez-moi, et tout ira bien.

DESGENAIS, repoussant sa main.

Allons! voilà la boue qui commence! O Marie! Marie!

SCÈNE XII.

Les Mêmes, RAOUL DE PINTRÉ, ALBÉRIC DE GRANDCHAMP, GANDIN*.

GANDIN, à Raoul.

Oui, cher comte, j'ai jeté mon coup d'œil partout, le déjeuner sera exquis... (A Albéric.) Bonjour, marquis!

ALBÉRIC.

Bonjour, bonjour.

GANDIN.

Vous êtes monté à cheval ce matin... Paméla se met-elle en main à présent? (Albéric lui tourne le dos.) Paméla... belle bête, mais rétive en diable. (Desgenais salue Raoul.)

RAOUL.

Ah! le voilà, ce cher Desgenais!... Eh bien, nous nous rallions donc?... c'est fort bien fait! (Le présentant à Albéric.) Monsieur Desgenais... un littérateur... un ex-libéral...

ALBÉRIC, cherchant.

Monsieur Desgenais...

DESGENAIS.

Oh! monsieur, j'ai fort peu écrit... j'ai écrit l'histoire des grands hommes.

ALBÉRIC.

Monsieur!...

RAOUL.

Eh bien, mon cher Desgenais, que puis-je faire, voyons?... J'ai quelque crédit, et...

DESGENAIS.

Mon Dieu! je voulais te prier... (mouvement de Raoul) de me recommander à monsieur de Préval pour une place de secrétaire.

RAOUL.

Oui, je sais... Eh bien, mais, vous pouvez compter sur moi.

DESGENAIS, après un mouvement.

Pardon, monsieur le comte, si je me suis permis tout à l'heure... mais, je croyais que nous nous tutoyions autrefois.

RAOUL.

Je ne me souviens pas... C'eût été, sans doute, un grand honneur pour moi, mais...

DESGENAIS.

Oh! permettez... Ce n'était un honneur ni pour l'un ni pour l'autre... c'était une habitude, voilà tout.

RAOUL, pincé.

C'est possible! Enfin, je parlerai pour vous ce matin même... car le fils de monsieur de Préval déjeune avec nous, et si vous voulez bien être des nôtres... (Desgenais s'incline, Raoul remonte.)

DESGENAIS, à part.

Allons! allons! j'aurai du mal.

GANDIN, riant.

Ah! à propos... L'affaire est arrangée.

RAOUL.

Quelle affaire?

GANDIN.

Eh bien, le duel de Jules de Préval avec Gontrand.

RAOUL, riant.

Oh! les affaires de Jules s'arrangent toujours.

ALBÉRIC.

Cependant il y a eu, je crois, des propos assez vifs.

RAOUL, riant.

Oui, mais c'est Gontrand qui les a tenus, et comme notre ami Jules de Préval possède une prudence rare...

ALBÉRIC, riant.

Il a passé outre comme toujours? Fort bien, cela le regarde.

RAOUL, apercevant Martin.

Tiens! monsieur Martin qui est là et qui ne dit rien!

MARTIN, à Desgenais.

Attention! je vais commencer le feu.

RAOUL.

Nous pouvons causer un peu avant le déjeuner.

MARTIN.

Oh! monsieur le comte, en ce moment...

RAOUL.

Les affaires avant tout. N'est-ce pas votre devise?

MARTIN.

La mienne, oui; mais non la vôtre.

RAOUL.

Ah! ah! c'est une pierre dans mon parc. (Ils s'asseyent.)

MARTIN.

Oh! une de plus, ou de moins...

RAOUL.

Comment?

MARTIN.

Je veux parler du parc de Rosny.

RAOUL.

Eh bien?

MARTIN.

Eh bien, le terrain est détestable.

RAOUL.

Est-ce que vous voulez y semer des betteraves?

MARTIN.

Non, monsieur... J'ai l'intention d'y faire bâtir.

RAOUL.

Alors, pour produire des caves, il me semble que le terrain sera toujours d'une assez bonne qualité.

MARTIN.

Pardonnez-moi, monsieur le comte; la main-d'œuvre coûte plus cher.

RAOUL.

Allons, voyons! c'est une querelle d'acheteur que vous me cherchez là.

MARTIN.

Ah! écoutez donc! c'est que quatre cent mille francs, c'est tout à fait exagéré. N'est-ce pas, monsieur Desgenais? (Desgenais ne répond pas.) Votre propriété ne rapporte rien.

RAOUL, riant.

Laissez donc; elle rapporte la députation. Je vous garantis soixante-dix voix par le contrat, et dans le pays on est nommé avec soixante-cinq.

MARTIN.

Oh! je compte cela pour rien.

RAOUL.

Comment?

DESGENAIS.

Monsieur Martin ne tient pas à être honorable.

GANDIN, riant.

Ah! charmant! charmant!

MARTIN.

Voyez-vous, monsieur, il y aura des dépenses considérables à faire là dedans. N'est-ce pas, monsieur Desgenais?

RAOUL, riant.

Allons, voyons, monsieur Martin... le respect doit vous empêcher de marchander le château de mes ancêtres. N'est-ce pas, monsieur Desgenais?

DESGENAIS.

Cependant, monsieur le comte, puisque le respect ne vous empêche pas de le vendre.

MARTIN, bas.

Très-bien.

RAOUL.

Ah! ah! vous soutenez monsieur Martin.

MARTIN.

Tenez... D'abord, l'aile sud est inhabitable.

RAOUL.

Cela vient peut-être, cher monsieur Martin, de ce que mes ancêtres l'ont habitée pendant deux cents ans.

MARTIN.

Je ne dis pas non; mais enfin, n'en déplaise à vos aïeux, il n'en faudra pas moins refaire les murs... Quant au grand escalier, il tombe en ruines.

RAOUL, riant.

C'est qu'il monte au château depuis trois siècles, cher monsieur Martin!... Savez-vous que ce château a appartenu au sire

Raoul de Mauvoisin, de qui nous descendons par les femmes?

MARTIN.

C'est possible.

RAOUL, riant toujours.

Qu'en 1610, il a été habité par Sully, de qui nous descendons un peu aussi, et qui commençait même à le faire réparer lorsqu'il apprit la mort de Henri Quatre.

MARTIN.

Ma foi, monsieur, Henri Quatre est mort là bien mal à propos; car, sans cet accident, je n'aurais sans doute pas tant de dépenses à faire aujourd'hui.

GANDIN.

Ah! charmant! charmant!... (Rire général.)

MARTIN.

Ainsi, il y a, par exemple, un hospice?

RAOUL.

Dans lequel la duchesse de Pintré, ma bisaïeule, faisait soigner tous les malades de dix lieues à la ronde, cher monsieur Martin.

MARTIN.

Moi, je le ferai démolir pour me servir des pierres... dans l'aile du Nord... A présent, c'est inouï ce qu'il y a de terrain perdu. Ainsi, dans cette grande diablesse de salle, par exemple...

RAOUL, riant.

La salle des ancêtres, si vous le voulez bien...

MARTIN.

Soit!... Eh bien! dans la salle des ancêtres, il y a de quoi faire deux chambres à coucher avec leur cabinet de toilette... un joli salon.....

DESGENAIS.

Et des cuisines.

GANDIN.

Ah! ah! ah!

MARTIN, bas.

Très-bien! (On rit.)

RAOUL, riant aussi.

Ah çà! cher monsieur Martin, qu'avez-vous donc l'intention de faire de la propriété de Rosny?

MARTIN.

Dix lots, monsieur le comte, chacun avec une petite maison et un jardin, que je louerai à des particuliers.

RAOUL, riant.

Qui y viendront le dimanche?

MARTIN.

Qui y viendront quand ils voudront, monsieur le comte; ce n'est point mon affaire.

RAOUL, riant.

Eh bien! monsieur Martin, et les souvenirs de trois siècles, qu'est-ce que vous en ferez?

DESGENAIS.

Des cuisines.

MARTIN.

Oui... des... (On rit.)

GANDIN.

Charmant! charmant!

MARTIN, bas à Desgenais.

Qu'est-ce que vous dites donc, vous?

RAOUL.

Et ces magnifiques ombrages?... ces bois séculaires?...

MARTIN.

Je les couperai, parbleu!

RAOUL.

Et vous mettrez à la place des jardinets avec du buis et des pruniers?...

MARTIN.

Oui, monsieur.

RAOUL, se levant.

Allons! c'est admirable... et si jamais le sire Raoul de Mauvoisin revenait, vous lui loueriez une petite maison avec des barreaux verts et un puits au milieu?

MARTIN.

Certainement, s'il m'offrait des garanties. (Rire général.) Moi, monsieur le comte, je vous offre trois cent mille francs... espèces... trois cent mille francs comptant.

RAOUL, riant.

Mais si je vous vends mon château ce prix là, monsieur Martin... je vous traiterai de voleur toute votre vie?...

MARTIN.

Oh! bien!... je suis si vieux!... (On rit. Bas à Desgenais.) Il y viendra.

DESGENAIS.

Il a ri, il est dépouillé.

MARTIN.

Monsieur le comte, j'ai fait préparer un petit acte...

RAOUL.
Diable ! vous êtes un homme de précautions.
MARTIN.
Je vous réserverai la partie orientale du parc où se trouve...
RAOUL.
Le tombeau de ma famille!... Ah! c'est encore bien gentil à vous... (On rit.)
DESGENAIS, à part.
Décidément, tous ces gens-là sont méprisables !
MARTIN, à la table à droite.
Si monsieur le comte veut signer?...
RAOUL.
Un instant, ventre saint gris ! monsieur Martin!... Trois cent mille francs... ce n'est pas assez... C'est cent mille francs seulement par siècle.
MARTIN.
Ah ! monsieur le comte, il y en a qui ne valent pas tant.
DESGENAIS.
Le nôtre, n'est-ce pas, monsieur Martin?
RAOUL.
Voyons, Desgenais, puisque vous connaissez le château de Rosny, dites-moi votre avis... Faut-il signer?
DESGENAIS.
Monsieur le comte...
MARTIN, bas.
Quarante mille francs !...
DESGENAIS, à part.
Oh! Marie! Marie!
RAOUL.
Eh bien?
MARTIN.
Allons, pas de faux scrupules, et mademoiselle Marie sera heureuse !...
DESGENAIS, à part.
Il a raison!... (Haut.) Voici la plume, monsieur le comte...
RAOUL, riant.
O mes aïeux !...
MARTIN.
Ils ne vous regardent pas. (Raoul a signé.)
GANDIN, riant.
Adjugé le château du sire de Mauvoisin.
TOUS.
Adjugé !...
DESGENAIS, à part.
Oh ! c'est ignoble ! j'étouffe !

JUSTIN.

Monsieur le comte est servi.

TOUS.

A table! à table!

MARTIN, bas, à Desgenais.

L'affaire est faite; vous voyez bien qu'on n'en meurt pas.

DESGENAIS.

Parbleu! c'est bien pour cela qu'il y a tant de coquins... Enfin! Marie sera heureuse. (Allant à une glace, à part.) Voyons un peu comment l'on est avec quarante mille francs de honte dans le cœur?... (Riant.) Eh bien, c'est triste à dire; mais ça ne se voit pas.

RAOUL.

Allons, Desgenais, à table.

TOUS.

A table!

JULES, entrant.

A table! j'arrive à temps.

SCÈNE XIII.

Les Mêmes, JULES DE PRÉVAL.

JULES.

Messieurs, je vous salue. (On lui fait une place. Le déjeuner commence.) Je suis un peu en retard; mais ce qui m'a pris du temps, c'est que je me suis querellé avec mon père.

RAOUL.

Toujours, donc?

JULES.

Il prétend que je le ruine pour cette petite, vous savez?

RAOUL.

Mais non, nous ne savons pas... tu ne nous l'as pas nommée.

JULES.

Ah! messieurs... vous comprenez... elle est mariée... à un amant...

RAOUL, riant.

Et une indiscrétion pourrait avoir des conséquences.

ALBÉRIC.

A propos, il paraît que tu ne t'es pas battu?

JULES.

Avec Gontrand? Non, nous nous sommes expliqués.

RAOUL.

Il a accepté tes excuses? (On rit.)

JULES.
Que c'est bête ce que tu dis là! Voyons, Albéric, mets-toi à ma place.
ALBÉRIC, raillant.
Non, merci, je ne la tiendrais pas comme toi.
JULES, avec colère.
Albéric!
GANDIN.
Voyons, messieurs, le poisson refroidit.
JULES.
Ce Grandchamp est étonnant! Il croit que tout le monde est comme lui! Moi, messieurs, je suis contre le duel.
ALBÉRIC, riant.
Contre?... Allons donc! Tu en es bien loin, au contraire.
JULES.
Oh! que c'est mauvais!... D'ailleurs, voulez-vous que je vous dise la vérité?... Eh bien! mon père m'avait refusé de l'argent; je ne pouvais faire le voyage de Bruxelles, et ma foi!... je ne me souciais pas d'aller en prison.
TOUS.
Ah! ah! ah! superbe. (Rires, trépignements.)
JULES, criant.
Messieurs, je ne crains pas la mort plus qu'aucun de vous! et si elle frappait à ma porte...
ALBÉRIC.
Tu ferais dire que tu es sorti. (Les rires redoublent.)
JULES.
Monsieur de Grandchamp, je me fatigue à la fin.
ALBÉRIC, se levant.
Allons! tiens, embrasse-moi!
TOUS.
Ah! bravo!
GANDIN.
Messieurs, je vous recommande le xérès, le tokai, **le johannisberg**.
ALBÉRIC.
Oui, enfin vous nous recommandez tout. C'est connu!... A la santé de Raoul.
TOUS.
A sa santé!
ALBÉRIC.
Et à celle de sa fiancée : mademoiselle de Préval.

TOUS.

A la santé de mademoiselle de Préval.

DESGENAIS, à part.

Sa fiancée!... mademoiselle de Préval!... Ah! pauvre Maxime!... j'arriverai trop tard!

RAOUL.

Ah! dis donc, Jules... à propos? Voici M. Desgenais, un de mes amis, qui désire la place de secrétaire de M. de Préval.

JULES.

C'est chose faite, monsieur, je la ferai demander par ma sœur; car pour madame de Préval, elle est inabordable aujourd'hui, et quant à moi, je n'ai plus de crédit sur monsieur mon père... Il y a quelques jours j'avais retrouvé la clef de son cœur; mais depuis, il a fait changer les serrures. (On rit.)

JUSTIN, annonçant.

M. de Préval!

JULES.

Tiens! mon père, est-ce qu'il me rapportera ma clef?

SCÈNE XIV.

Les Mêmes, DE PRÉVAL.

DE PRÉVAL, aux jeunes gens qui se sont levés.

Restez! restez! ou je m'en vais... je n'ai qu'un mot à dire à M. de l'intré.

RAOUL.

A vos ordres, monsieur.

DESGENAIS, se levant à part.

Décidément, je manque d'air ici. (Il va à l'écart.)

RAOUL, à de Préval.

Je vous écoute.*

DE PRÉVAL, à mi-voix.

Deux bonnes nouvelles, mon gendre : le tribunal de commerce a validé nos prétentions relatives au chemin de fer de Paris au Havre. Quoique l'affaire ait avorté, on nous alloue, à mon confrère et à moi, cent soixante-huit mille francs d'honoraires.

RAOUL.

C'est un joli coup.

DE PRÉVAL.

Une misère à côté du coup qui se présente.

RAOUL.

Parlez.

ACTE PREMIER

DE PRÉVAL, à mi-voix.

Je vous donnerai demain de plus amples détails ; mais d'abord, vendez tout ce que vous pouvez vendre. Après-demain, il doit y avoir un mouvement dans Paris, je compte sur une panique... la baisse sera énorme... achetez alors de confiance, car je sais de bonne source que toutes les mesures sont prises... il y a une fortune à gagner.

JUSTIN, qui écoutait, à part.

Bravo ! vite un mot à Joseph. (Il sort.)

RAOUL.

Est-ce qu'on se battra ?

DE PRÉVAL, avec indifférence.

Presque pas !

DESGENAIS, avec indignation.

Oh ! c'est ignoble ! (Il s'éloigne à droite avec son verre. Raoul et de Préval sont remontés à la table.)

RAOUL.

Monsieur de Préval, vous accepterez bien un verre de champagne pour boire à la réussite de nos espérances ?

DE PRÉVAL.

Volontiers !

RAOUL, élevant son verre.

Allons, messieurs, je bois au cinq pour cent !

TOUS.

Au cinq pour cent !

DESGENAIS.

Allons ! c'est complet ! j'en ai assez ! j'éclate ! (Il brise son verre.)

RAOUL, riant.

Allons ! Desgenais ! philosophe !... à votre tour... un toast !..

TOUS.

Oui ! oui !

DESGENAIS.

Messieurs, je ne puis, car en entendant celui que vous portiez, vous le voyez, j'ai brisé mon verre.

RAOUL.

Voici le mien.

TOUS.

Et le nôtre !

DESGENAIS.

Merci, messieurs, je ne veux pas gagner la lèpre.

TOUS.

Hein ?

RAOUL.

Êtes-vous fou, Desgenais ?

TOUS, riant.

Le toast? le toast!

DESGENAIS.

Vous le voulez?

TOUS.

Oui! oui!

DESGENAIS, remontant.

Eh bien, soit! je bois à vous, messieurs, je bois aux Parisiens de la décadence.

TOUS, riant.

Ah! ah! ah!

DESGENAIS, en haut de la table.

Je bois aux parasites qui déjeunent de la flatterie, et soupent de la bassesse... je bois à la nullité jalouse qui se venge de son impuissance en salissant les forts!... je bois aux insulteurs modernes, reptiles venimeux qui mordent au talon tous les triomphateurs!... je bois à vous, monsieur Paul Gandin!

GANDIN, furieux.

Monsieur!...

TOUS, riant.

Ah! ah! ah!... à Paul Gandin.

DESGENAIS.

Je bois à la sottise égoïste et dorée qui compte pour tout l'argent qu'elle a, et pour rien, l'intelligence qu'ont les autres!... je bois à vous, monsieur Martin!

TOUS, riant.

Ah! ah! ah! à monsieur Martin!

JULES, riant.

Ça devient très-amusant!

DESGENAIS.

Je bois à la prudence qui ne relève pas le gant qu'on lui jette et qui porte crânement un outrage sur l'oreille... je bois à vous, monsieur. (Il choque son verre contre celui de Jules. Nouveaux rires. Jules veut s'élancer, on le retient.)

JULES.

Monsieur!...

DESGENAIS.

Je bois aux fils de famille qui vendent sans regrets le château de leurs pères... aux fils de famille qui traînent leur grand nom dans l'ornière des boudoirs et des tabagies... je bois à vous, monsieur de Pintré!... je bois à vous, monsieur de Grandchamp!...

DE GRANDCHAMP.

Votre heure, monsieur!...

RAOUL, riant.

Il est enragé.

DESGENAIS.

Je bois à ceux qui spéculent sur les troubles et les déchirements de la patrie!... Enfants dénaturés, qui, pour en hériter, désirent la mort de leur mère... je bois à vous, monsieur de Préval. (Tous se précipitent vers Desgenais.)

DE GRANCHAMP.

Vous me rendrez raison, monsieur.

TOUS, excepté de Préval, Martin et Raoul.

Oui! oui!

DESGENAIS.

Quand vous voudrez. (Il leur jette des cartes.)

MARTIN.

Monsieur, je me vengerai...

TOUS.

Vos armes?... vos armes?

RAOUL.

Messieurs, messieurs, je ne souffrirai pas que cette boutade ait des suites. Desgenais n'a pas besoin d'un huitième duel pour prouver son courage... ni vous, Albéric, d'un onzième pour prouver le vôtre.

DESGENAIS.

Mais, monsieur...

RAOUL, raillant.

Seulement, je trouve que vous avez une singulière façon de vous faire des protecteurs.

JULES.

En effet! (Ici Marie paraît, conduite par Justin, qui lui désigne Desgenais. Elle s'arrête au fond.)

DESGENAIS.

Oh! messieurs, il y a une heure que j'ai renoncé à votre protection.

MARTIN, étouffant de rage.

J'espère, monsieur, que vous avez renoncé aussi aux quarante mille francs que...

DESGENAIS.

C'est bien, monsieur, vous plaiderez... puisque vous ne rougissez pas de contester la dernière volonté d'une mourante, et de jeter à un tribunal le nom de ceux dont la tombe est à peine fermée... Nous plaiderons.

MARTIN.

Oui, monsieur, nous plaiderons.

MARIE, s'élançant.

Non, monsieur, nous ne plaiderons pas.

DESGENAIS.

Marie!

MARIE, déchirant un papier qu'elle a tiré de son sein.

Laissez-les dormir, monsieur, je n'ai plus de droits à leur héritage.

DESGENAIS, l'embrassant.

Noble enfant! (Bas.) Mais maintenant que vas-tu devenir?

DE PRÉVAL, à Desgenais.

Monsieur, je vous attends demain à midi, à mon hôtel. (Il lui présente sa carte.) Je me charge de votre avenir.

TOUS.

Hein? comment? (Étonnement général.)

DESGENAIS.

Vous, monsieur?

DE PRÉVAL.

Moi-même.

DESGENAIS.

Comment? malgré ce que je vous ai dit.

DE PRÉVAL.

Justement, à cause de ce que vous m'avez dit, je vous le répète donc, je me charge de votre avenir.

DESGENAIS.

Ah! monsieur!

MARIE.

Quel bonheur!

DESGENAIS, à part.

Eh bien! parole d'honneur! c'est la première fois que cela me réussit.

ACTE II.

CHEZ M. DE PRÉVAL.

De riches salons disposés pour une fête. — Le théâtre est un petit boudoir, ouvrant sur les autres salons. — Dans le boudoir, une cheminée à gauche avec du feu.—un canapé devant la cheminée.—Derrière le canapé, une chiffonnière avec des fleurs et des rubans dessus.—A droite, un riche bureau, devant lequel M. de Préval est assis. — A droite de la porte du fond, un piano. — Dans les salons que l'on aperçoit par les portes ouvertes dans les pans coupés, on voit, au lever du rideau, des domestiques qui vont et viennent, entre autres Joseph, qui finit d'allumer un lustre.

SCÈNE PREMIÈRE.
DESGENAIS, CLOTILDE, DE PRÉVAL, MARIE, JULES.

(Clotilde est assise sur le canapé, les pieds sur les chenets, un livre qu'elle ne lit pas est ouvert sur ses genoux. — Marie, assise à la petite table, regarde des gravures de romances. — Desgenais près de M. de Préval. — M. de Préval parcourt des lettres. — Marie est en toilette de bal. — Jules est au piano).

DE PRÉVAL, appelant.

Joseph!... (Joseph descend.) Faites atteler, je vais sortir. (Joseph s'incline et sort à gauche.—Regardant à sa montre.) Il n'est que dix heures, j'ai dix fois le temps d'aller au château. (Il ouvre d'autres lettres.)

DESGENAIS, à lui-même.

Le bal commencera à onze heures et finira à quatre... c'est donc cinq heures de courbettes et d'habit noir. (Il retourne au bureau et prend d'autres lettres.)

ANNA, qui vient d'entrer par la gauche.

Oh! maman! vous n'êtes pas encore habillée?... Vous serez en retard. Quand votre monde arrivera, il faudra que je fasse les honneurs à votre place, et je manquerai au moins deux contredanses. (A son frère.) Tais-toi donc, Jules, on ne s'entend pas.

JULES, à part.

Gérôme ne revient pas... Phrasie ne serait-elle point libre ce soir?... Je suis sur des épines. (Il fait un forte échevelé.)

ANNA.

Bien!... De la *Juive*, à présent!... Tout à l'heure c'était du *Do-*

mino et de la *Reine d'un jour*... Quel est ce pot-pourri que tu composes-là, Jules?...

JULES, se levant.

Hein?... quoi?... Qu'est-ce que tu demandes?...

ANNA.

Plus rien du tout, puisque le charivari est terminé. (Jules se lève et va au fond.)

ANNA, à sa mère.

Tu es très-bien coiffée... Marie! regarde donc comme maman est jolie!... En vérité, j'en suis jalouse!... (Clotilde fait un mouvement.)

ANNA, rajustant une fleur de la coiffure de sa mère.

Vous avez l'air de ma sœur cadette. (Clotilde reste pensive.)

ANNA.

Eh! bien, madame, vous ne me donnez rien pour mon compliment?... (Clotilde l'embrasse ; riant.) Oh! comme ce pauvre petit baiser a froid!... (Elle embrasse sa mère et sonne.)

DESGENAIS, à lui-même en regardant Clotilde.

Oui, ses baisers grelottent au foyer conjugal.

ANNA, à sa mère en la tirant par la main.

Voyons, madame, allez mettre votre belle robe, bien vite. (Juliette paraît.)

ANNA.

Juliette, maman veut s'habiller. (A sa mère.) Dépêche-toi!

CLOTILDE, distraite.

Oui, je te le promets. (Elle embrasse Anna et sort avec Juliette.)

ANNA, à Marie.

Comme tu me regardes, Marie!...

MARIE, souriant tristement.

Ah! c'est que je vous envie ce baiser-là, mademoiselle.

ANNA.

Mademoiselle!... Oh! mais non!... Tu sais que je ne veux pas de cela... Depuis un mois que monsieur Desgenais est parmi nous, ne sommes-nous pas deux bonnes amies?...

MARIE.

Sans doute.

ANNA.

Eh bien! entre amies on se tutoie, n'est-ce pas Jules?... (Jules ne répond pas. — Faisant la grosse voix ; à son frère.) Monsieur Jules?...

JULES.

Quoi?...

ANNA.

Es-tu plus calme?

ACTE DEUXIÈME

JULES.

Qu'est-ce que ça te fait?

ANNA, riant.

Rien du tout; la conversation est tombée, je la ramasse. (Elle va à son père. Desgenais va à la cheminée.)

JULES.

Ah! bien, moi, je ne suis pas en train de causer.

ANNA.

Tu es aimable comme mon prétendu.

JULES.

Ah! ton refrain habituel! Voudrais-tu pas que Raoul fût toujours à tes pieds?...

ANNA, vivement.

Non!... oh! non!...

JULES, riant.

Tu as vraiment l'air d'une victime que l'on traîne à l'autel. (Il remonte.)

ANNA.

Trouvez-vous?

JULES.

Mais certainement.

JOSEPH, en passant.

Monsieur, Germain est là. Il aurait quelque chose à vous remettre, mais... (Il désigne M. de Préval.)

JULES.

Chut!... c'est bien, j'y vais. (Il sort à gauche. Joseph sort par le fond.)

MARIE, qui s'est approchée d'Anna, tombée dans une triste rêverie.

Anna!

ANNA, se réveillant.

Hein?...

MARIE, bas.

Plusieurs fois déjà, lorsqu'on parlait de monsieur de Pintré, ton futur mari, j'ai cru remarquer comme un nuage sur ton front.

ANNA, se remettant.

Mais non, je t'assure...

MARIE, bas.

Est-ce que tu ne l'aimes pas?

ANNA.

Mais je crois que si... un peu... je n'en sais rien, au juste...

MARIE.

Mais alors...

ANNA.

Oh! cela ne fait rien... C'est un mariage de convenance... nos fortunes s'accordent, c'est tout ce qu'il faut.

MARIE.

Ah!...

ANNA, souriant.

Cela t'étonne, n'est-ce pas?... Mais, que veux-tu? notre monde est ainsi fait!... il faut bien lui obéir.

MARIE.

Je ne comprends pas.

ANNA.

Ma mère t'expliquera cela. Mais, ma petite Marie, si je ne faisais pas un brillant mariage, toutes mes bonnes amies ne me regarderaient plus!... Tandis que si je suis comtesse, elles en mourront de dépit... C'est une consolation.

MARIE.

Et cela te suffira?...

ANNA.

Il le faudra bien!... Ah! si j'étais assez riche pour deux?...

MARIE, vivement.

Eh bien?

ANNA.

Rien... des folies... Vois-tu, je vais te l'avouer en rougissant... je suis orgueilleuse! j'aime le luxe... j'ai été gâtée!... on m'a élevée comme cela! Il me semble que je ne pourrais vivre dans la médiocrité.

MARIE.

Il te semble?...

ANNA, à voix basse.

Autrefois... j'avais pensé à quelqu'un... (Desgenais passe derrière elles et écoute.)

MARIE.

Ah!

ANNA.

A monsieur Maxime de Tremble!... je crois même que je l'aimais un peu.

MARIE.

Eh bien?

ANNA.

Oh! mais maman m'a bien fait comprendre que je devais l'oublier. Songe donc!... il n'a pas d'état, pas de fortune! C'eût été ridicule!... on se serait moqué de moi!... Aussi je ne l'aime plus, plus du tout, que comme ami; je n'ai pas, assurément, beaucoup d'amour pour monsieur de Pintré, mais maman m'a dit que cela viendrait, j'attends!

MARIE.

Oh! Anna, prends garde!...

ACTE DEUXIÈME

ANNA.

Prendre garde!... à quoi?... Après tout, je serai comtesse... mon mari me mènera à la cour... (Riant.) Je monterai dans les carrosses du Roi, comme on disait jadis ; nous serons toujours en dîners, en fêtes, nous n'aurons pas le temps de nous ennuyer ensemble.

MARIE, étonnée

Mais, que dis-tu donc, Anna?

ANNA.

Ce que j'entends dire sans cesse autour de moi.

MARIE.

Et c'est ainsi que l'on aime chez vous?...

ANNA, riant.

Non... C'est ainsi qu'on se marie...

DE PRÉVAL.

Allons, mon cher secrétaire, tout est pour le mieux. Nous aurons trois cents personnes dans des salons qui peuvent en contenir aisément cent cinquante.

DESGENAIS.

On sera suffisamment étouffé.

DE PRÉVAL.

C'est ce qu'il faut... c'est du meilleur effet...

ANNA, riant.

Pour ceux qui survivent!... (A Marie.) Ah! à propos, il faut que je te montre mon carnet de bal... Figure-toi qu'il est à moitié plein depuis cet été... J'ai promis une contredanse à Dieppe ; une valse à Etretat, une polka... (Un domestique a apporté deux lettres.)

DE PRÉVAL.

Tiens, voilà encore deux lettres de refus.

ANNA.

De qui sont-elles?...

DE PRÉVAL.

De deux membres du conseil général.

ANNA.

Oh! cela m'est égal alors, ce ne sont pas des danseurs... (Anna et Marie vont au piano.)

DE PRÉVAL, tout en parcourant les lettres.

Non, ce sont des dégommés... des dégommés comme moi!... Ah! les électeurs de la Haute-Vienne me le payeront!... Quand je serai pair de France!... (Il a été jeter les lettres au feu.)

DESGENAIS, se rapprochant de lui.

Pair de France!...

DE PRÉVAL, assis devant le feu.

Ah! ma foi!... je démasque mes batteries, mon cher Desgenais!... Du reste, n'êtes-vous pas presque de la famille?...

DESGENAIS, s'inclinant.

Monsieur!...

DE PRÉVAL.

Je vous l'ai dit : je vous aime!... J'aime ce caractère indépendant... cette noble franchise...

DESGENAIS, avec modestie.

En vérité!...

DE PRÉVAL.

Vous saurez tout... Ce soir, j'ai rendez-vous aux Tuileries avec un aide-de-camp de Sa Majesté... un homme charmant... qui m'a promis de me hisser jusqu'à la chambre haute...

DESGENAIS.

Alors, c'est un projet sérieux?... (Desgenais est debout le dos au coin de la cheminée.)

DE PRÉVAL.

Très-sérieux... J'y songe depuis 1830.

DESGENAIS.

Et vous avez quelque espoir?

DE PRÉVAL.

Certainement.

DESGENAIS.

Cependant, votre journal nageait, hier encore, dans les eaux de l'opposition?

DE PRÉVAL.

Justement!... Je voulais éveiller l'attention du château.

DESGENAIS.

Fort bien!... Mais une fois cette attention éveillée?... une fois au comble de vos vœux?...

DE PRÉVAL.

Oh! je me livre pieds et poings liés au ministère... Dans une lutte avec lui, on ne gagne que de la popularité... En votant pour lui, au contraire, on ramasse des titres, des places...

DESGENAIS.

Oui... il n'y a qu'à se baisser.

DE PRÉVAL.

D'ailleurs, vous me servirez ; j'ai des vues sur vous.

DESGENAIS.

Ah!...

DE PRÉVAL. Il se lève en tenant les pincettes, et frappe sur l'épaule de Desgenais.

Nous arriverons, soyez tranquille!... Les dégommés des colléges électoraux ont été presque tous recueillis quelque part. Eh bien! on me doit une compensation comme aux autres. Or, puisque je n'ai pas pu être député, on me fera Pair de France... Et alors, comme je vous le disais : gare à la Haute-Vienne!... Je ne lui accorderai rien, si je fais partie de la commission des projets d'intérêts locaux... non, rien, pas le plus petit pont, pas le moindre chemin vicinal, pas même une école primaire!... (Il remet les pincettes et se met le dos au feu.) Ah! ah! c'est que moi je suis rancunier comme...

DESGENAIS, passant.

Comme un académicien.

DE PRÉVAL, avec enthousiasme.

Pair de France!... Pair de France!... on n'oserait me repousser... vous comprenez!... car le gouvernement sait trop bien ce que nous pouvons nous autres capitalistes!... Oh! nous sommes forts!... car tout le monde s'en mêle aujourd'hui... les plus grands noms...

DESGENAIS.

Qui, à cette heure, peuvent montrer des portefeuilles pleins d'actions, je le sais... Mais voyez-vous, monsieur, je dirai à chacun de ces nobles agioteurs, ce que l'on disait au petit-fils du grand Condé : Toutes ces actions-là n'en valent pas deux de votre aïeul!...

DE PRÉVAL, riant.

Bon!... bon!... Je vous donne huit jours pour vous défaire de ces grands sentiments-là, et à bon compte.

DESGENAIS.

A bon compte, dites-vous?... Mais on n'en voudrait pas pour rien. (Il descend à droite.)

DE PRÉVAL, riant, le suivant.

C'est ce qui vous condamne.

DESGENAIS.

Mais enfin, monsieur, en supposant que vos rêves brodés au collet ne se réalisent pas.

DE PRÉVAL.

C'est impossible, vous dis-je! je suis trop bien en cour. D'ailleurs, je dois tout au roi, le passé l'oblige.

DESGENAIS.

Et vous?...

DE PRÉVAL.

Moi?... Oh! l'on connaît mes opinions!... Au fond, je suis tout dévoué au gouvernement, et le gouvernement le sait bien... Aussi est-il impossible que...

ANNA, qui s'est avancée.

Messieurs, avez-vous fini de parler politique? (Desgenais remonte près d'Anna.) c'est fort ennuyeux, cela!... Ne nous en ferez-vous pas grâce, même aujourd'hui?... Que ne parlez-vous aussi du cours de la rente?...

DE PRÉVAL, à Desgenais.

A propos? Les bons de l'Échiquier ont baissé à Londres.

ANNA, frappant du pied.

Vous allez recommencer?

DE PRÉVAL.

Non, non; c'est fini, chère enfant, et nous allons parler chiffons tant que tu voudras.

De Préval s'asseoit à droite avec sa fille dans les bras. — Jules rentre donnant le bras à sa mère. — Clotilde est habillée pour le bal).

JULES, entrant.

Oui, madame, j'ai compté sur votre indulgence, et j'espère que vous me pardonnerez si vous ne me voyez pas dans le bal avant une heure ou deux... Une affaire très-importante...

CLOTILDE.

Tu ne vas pas jouer, Jules?...

JULES.

Non, ma mère; je vous le jure.

CLOTILDE.

Et tu ne passeras pas toute la nuit dehors?...

JULES.

Non, ma mère; je vous le promets. (Il s'incline devant Clotilde qui va à la glace pour donner un dernier coup d'œil à sa toilette. A part.) Je suis libre, et je puis obéir aux ordres de mon cher petit billet!... Phrasie m'attend. Allons!... (Il sort par la gauche.)

CLOTILDE, à part.

Une affaire?... Jules ne m'a-t-il pas dit que c'était pour une affaire?... Mais à cette heure, c'est impossible!... quelque folie plutôt, et... (elle regarde autour d'elle si Jules est encore là) j'aurais dû lui demander... l'interroger... Ah! mon Dieu!... je ne sais plus jouer mon rôle de mère!... (Elle s'appuie la tête dans ses mains sur la cheminée.)

ANNA, qui causait avec son père.

Je vous préviens encore, monsieur, que l'on donne demain *la Cenerentola*, et que je veux une loge.

DE PRÉVAL, riant.

Vous entendez, mon cher Desgenais? (Il remonte vers le fond.)

ANNA.

Ma mère et moi, nous voulons aussi voir la pièce de monsieur de Tremble.. N'est-ce pas, maman?...

CLOTILDE, se remettant.

Sans doute. Elle a obtenu un grand succès. N'est-ce pas, monsieur Desgenais?

DESGENAIS
Oui, madame.

ANNA.
J'en suis bien heureuse. (A Desgenais.) Nous emmènerons Marie! Oh! d'abord, nous sommes des inséparables, maintenant!... Je vous en préviens. (Elle lui tend la main, Marie vient à elle.) Nous irons donc ensemble au Théâtre-Français, et nous applaudirons de toutes nos forces, puisque nous ne pouvons complimenter de vive voix monsieur Maxime.

DESGENAIS, observant Clotilde.
Mais, pardonnez-moi, mademoiselle, vous le pouvez, et ce soir même...

CLOTILDE, avec un mouvement, à part.
Lui, ici!...

ANNA, vivement.
Il viendra au bal?... (Desgenais s'incline.)

DE PRÉVAL, redescendant.
Comment, Desgenais!... vous avez envoyé une invitation à monsieur de Tremble?...

DESGENAIS.
Oui, monsieur.

CLOTILDE, à part, avec effroi.
Le revoir encore!...

DESGENAIS, à de Préval.
Ai-je eu tort?...

DE PRÉVAL.
Sans doute; puisque j'ai cru devoir remercier monsieur Maxime de ses services, il était peu convenable... Ah! vous me voyez fort contrarié!...

ANNA.
Eh bien, moi, j'en suis fort contente! (Sur un regard de Clotilde; changeant de ton.) Il valse si bien!... D'ailleurs, n'est-ce pas sa dernière fête, puisqu'il part?...

CLOTILDE, émue.
Il part?... (Elle laisse tomber son bouquet.)

DESGENAIS, se mettant vivement devant elle, et ramassant le bouquet qu'il lui rend.
Oui, madame, il va chercher fortune en Amérique... (Bas, à Clotilde.) De la prudence!
(Clotilde le regarde avec une sorte d'effroi et s'affaisse sur le canapé.)

DE PRÉVAL.
Ah! il part!... Ah ça! mais, ce succès qu'il vient d'obtenir...

DESGENAIS.

Eh! mon Dieu!... ce succès lui a enlevé ses derniers protecteurs... Il y a, voyez-vous, des bonheurs fatals! (Il regarde Clotilde.)

CLOTILDE, à part.

Ce regard!... Oh! mes craintes!...

DE PRÉVAL, légèrement.

Pauvre garçon!... Enfin!... nos vœux le suivront.

DESGENAIS, à lui-même.

A vide, comme des voitures de la cour.

DE PRÉVAL.

Ce soir nous lui ferons nos adieux; et puis, ma foi, bon voyage!

DESGENAIS.

Oui, un homme à la mer! ce dernier mot de l'indifférence humaine!... Un être aimant et dévoué a cheminé près de vous, vivant par vous et pour vous; il a fait ses chagrins de vos douleurs; ses gaietés de vos joies!... Puis, un beau jour, cet être meurt!... Un homme à la mer!... Un autre, un grand artiste disparaît tout à coup de ce monde, que la veille encore il remplissait de son génie!... Une gloire à la mer!... Un roi vient qui vous donne une place dans son palais... un coin sous son manteau... Puis ce roi tombe!... Un trône à la mer!... Ah! sapristi! ça n'est pas pour dire, mais nous sommes de bien grands philosophes... ou de fiers égoïstes!

DE PRÉVAL, riant bas.

Bravo! bravo!... mon cher Desgenais!... Entretenez-moi cette verve-là... nous en aurons peut-être besoin.

DESGENAIS.

Plaît-il?

DE PRÉVAL.

Bientôt vous me comprendrez. (Il va au coin de la cheminée sur lequel est son chapeau.)

JOSEPH, annonçant.

Monsieur Maxime de Tremble!

CLOTILDE, à part.

Le voilà!... (Elle se lève et salue; Desgenais va à Maxime.)

SCÈNE II.

LES MÊMES, MAXIME DE TREMBLE.

MAXIME, saluant.

Mesdames... (A Préval.) Monsieur, je vous dois des remercîments pour la grâce qui m'a été faite.

DE PRÉVAL.

C'est monsieur Desgenais que vous devez remercier, monsieur.

MAXIME.

Ah !...

DE PRÉVAL.

Car j'allais peut-être oublier votre nom, et il nous a rendu le service de s'en souvenir.

CLOTILDE, à Maxime.

Nous avons appris votre succès et nous vous en félicitons monsieur... (Maxime s'incline ; Clotilde, avec effort.) Mais, est-il vrai que vous partiez, que vous quittiez la France ?...

MAXIME.

Oui, madame.

DE PRÉVAL, mettant ses gants entre la cheminée et le canapé.

Vous avez raison, jeune homme ; il y a encore là-bas des fortunes à faire... Vous nous reviendrez riche.

MAXIME, douloureusement.

Oui, dans une dixaine d'années.

DE PRÉVAL.

Vous prendrez femme dans le nouveau monde.

MAXIME.

Pardonnez-moi, monsieur, jamais je ne me marierai.

MARIE, bas à Anna, qui lui tient le bras.

On dirait que tu trembles ?...

ANNA.

Mais non.

JOSEPH, paraissant.

La voiture de monsieur... (Il descend entre le canapé et la cheminée.)

DE PRÉVAL, à Maxime.

Veuillez m'excuser, monsieur. (Bas à Desgenais.) Je reviendrai pair de France !... (Il sort.)

JOSEPH, à Clotilde.

Madame, il y a déjà du monde dans les salons.

CLOTILDE.

C'est bien. (Saluant Maxime.) Monsieur... (A sa fille.) Viens-tu, Anna ?

ANNA.

Non, maman. (Mouvement de Clotilde.) Je vais dans la serre avec Marie. (Clotilde l'embrasse et sort.)

MARIE.

Comment !... tu le quittes ?...

ANNA.

Oui... oui... je veux te cueillir un bouquet comme celui de maman.

MARIE, à part, regardant Maxime.

Pauvre jeune homme!... (Elles sortent.)

SCÈNE III.

MAXIME, DESGENAIS

MAXIME, avec douleur.

Ah! pourquoi suis-je venu?...

DESGENAIS.

Pour quelque chose, peut-être.

MAXIME.

Pas un mot... pas un regard... rien!... Pas même un adieu!

DESGENAIS.

Eh bien! si vous ne partez pas?

MAXIME.

Comment?

DESGENAIS.

J'ai déjà travaillé pour vous... depuis un mois que je suis ici, j'ai bien étudié les masques, et je connais les visages qu'ils recouvrent.

MAXIME.

Que voulez-vous dire?

DESGENAIS.

Que mademoiselle Anna est moins insensible que vous le supposez.

MAXIME.

Quoi?...

DESGENAIS.

Je réponds d'elle; elle vous aimera quand je voudrai.

MAXIME.

Mais alors...

DESGENAIS.

Je ne peux pas vouloir tout de suite.

MAXIME.

Expliquez-moi...

DESGENAIS,

Silence!... Madame de Préval vient de ce côté... Entrez dans les salons, je vous y rejoindrai.

MAXIME.

Je vous devrai mon bonheur.

DESGENAIS.

Allez! Allez!...

(Maxime entre à droite, Clotilde entre par le fond.)

SCÈNE IV.
DESGENAIS, CLOTILDE.

DESGENAIS.

Pardon, madame... daignerez-vous m'accorder une minute d'entretien?...

CLOTILDE, comme refusant.

Mon Dieu!... monsieur!...

DESGENAIS, vivement.

Ah! c'est très-pressé, madame, car il s'agit peut-être de deux existences.

CLOTILDE, troublée.

Deux existences!... (A part.) Que va-t-il me dire?... (Elle s'assied à droite.)

DESGENAIS.

Pardonnez-moi d'avance, madame, car je laisserai parler mon cœur, et... (Avec intention.) Mon cœur n'est pas courtisan.

CLOTILDE, rire forcé.

Mais, monsieur, cette préface...

DESGENAIS.

Etait nécessaire, madame...

CLOTILDE.

Eh bien?...

DESGENAIS.

Vous savez, madame, à quelles conditions, ou plutôt, à quel titre je suis entré ici?...

CLOTILDE.

Mais comme secrétaire de monsieur de Préval, je pense.

DESGENAIS.

Et un peu comme ces fous des anciens rois qui avaient le privilége de tout dire.

CLOTILDE.

Je ne sais, monsieur, si c'était dans votre... traité, mais, en tous cas, vous avez religieusement observé cette clause; car plusieurs fois déjà, votre verve caustique s'est exercée aux dépens de mes amis.

DESGENAIS.

Vos amis !.... vous n'en avez qu'un, madame, et c'est moi.

CLOTILDE, avec hauteur.

En vérité ?...

DESGENAIS.

Vous reprenez votre couronne de reine, madame ?... tant mieux, je garderai mes grelots de bouffon. (Il s'assied près d'elle.)

CLOTILDE.

Où voulez-vous en arriver, je vous prie ?

DESGENAIS.

Je veux en arriver à monsieur de Tremble, madame.

CLOTILDE, à part.

J'en étais sûre !

DESGENAIS.

Vous savez, madame, que... Maxime adore votre fille ?...

CLOTILDE.

Oui, monsieur ; mais je sais aussi que ma fille n'aime pas monsieur de Tremble.

DESGENAIS.

Elle l'aime moins qu'autrefois, voilà tout. Et à qui à la faute encore ?...

CLOTILDE.

A qui, dites-vous ??...

DESGENAIS.

Oui, madame, à qui ? si ce n'est à celle qui a étouffé dans le cœur de mademoiselle Anna l'amour qui commençait à y germer ?

CLOTILDE.

Eh bien ! monsieur, quelle est celle-là ?

DESGENAIS.

Celle-là !... Ah ! ma foi, madame, vous me chasserez si vous le voulez pour ma franchise, comme tant d'autres m'ont chassé déjà, mais je parlerai ; après tout, j'aime monsieur de Tremble, je chéris sa famille, qu'il veut quitter, pour aller à la conquête de l'oubli, eh bien, je puis peut-être vous empêcher de vous perdre tous deux.

CLOTILDE, très-pâle.

Tous deux ?

DESGENAIS.

Lui, dans les forêts du Nouveau-Monde...

CLOTILDE, avec défi.

Et moi, monsieur ?... (Elle se lève.)

DESGENAIS.

Et vous, madame... (troublé par le regard de Clotilde) dans la fausse route où s'engage votre tendresse maternelle... car votre tendresse maternelle vous fait défaut, madame, quand elle croit assurer le bonheur de mademoiselle Anna par ce mariage avec monsieur le comte de Pintré.

CLOTILDE, très-troublée.

Ce n'est pas cela que vous vouliez dire, monsieur?...

DESGENAIS, avec intention.

Et que voulais-je dire, madame? (Clotilde baisse les yeux. Desgenais continue.) Non, madame, non, votre fille ne sera pas heureuse avec monsieur de Pintré ; car elle n'a pas d'amour pour lui. Je ne sais au juste si elle aime l'amant que l'on repousse, mais je réponds qu'elle n'aime point le mari que l'on accueille ! et vous ne pouvez pas... vous ne devez pas...

CLOTILDE, elle passe à gauche.

Et de quel droit me parlez-vous ainsi, monsieur?...

DESGENAIS.

De quel droit?... Écoutez, madame, je sais une vieille histoire, qui m'a été racontée sous la grande cheminée d'un château situé aux portes de Poitiers...

CLOTILDE.

Mais il n'y en a qu'un, monsieur, et c'est le nôtre.

DESGENAIS.

C'est le vôtre, en effet. Oui, madame, et celle qui contait, c'était Brigitte, votre vieille nourrice...

CLOTILDE.

Et que... disait-elle?...

DESGENAIS.

Elle disait, madame, que votre mère était une femme rigide et d'une volonté de fer, qui, jadis, vous avait mariée sans consulter votre cœur...

CLOTILDE, effrayée.

Taisez-vous, monsieur.

DESGENAIS, baissant la voix.

Elle ajoutait : que le jour de votre mariage, elle avait bien pleuré en vous voyant si pâle et si triste sous votre voile de fiancée... Elle disait aussi que votre mari, madame, avait tout votre attachement, tout votre respect, mais... qu'il ne possédait pas votre amour.

CLOTILDE.

Plus bas! plus bas! monsieur...

DESGENAIS.

Brigitte disait enfin que vous n'étiez pas heureuse.

CLOTILDE, à part.

Et Brigitte avait raison.

DESGENAIS.

Eh bien, vous ne voudrez pas pleurer comme elle, en voyant votre enfant bien triste et bien pâle aussi, dans sa robe de mariée... D'ailleurs, qui vous dit madame, que monsieur le comte de Pintré saura mieux que votre mari faire oublier à sa femme qu'il ne la tient que de la volonté maternelle? et enfin, qui vous dit que, le voulût-il. (Avec intention.) Il y réussirait encore?... Qui vous dit enfin que quelque jour, votre fille n'en aimera pas un autre?... et que cet amour, que vous endormez aujourd'hui, ne se réveillera pas demain?...

CLOTILDE, troublée.

Monsieur!

DESGENAIS, appuyant sur chaque parole à l'adresse de Clotilde.

Oh!... elle luttera longtemps... j'en suis sûr... longtemps elle combattra ce sentiment coupable avec toutes les armes que lui fourniront son orgueil et sa vertu... mais si cet amour est le plus fort, si elle est vaincue, terrassée par lui, elle lui obéira en esclave comme on obéit à un premier amour, quand... cet amour s'accroît encore des entraves et des dangers! et alors, si quelque jour, devenue folle, la comtesse... Almaviva ouvre à Chérubin la porte de son boudoir... si, par une belle nuit, la coupable Rosine veut lire sans lumière quelque brûlant chapitre de l'éternel roman de l'infidélité... Votre mère n'aura pas le droit...

CLOTILDE, avec force.

Monsieur!...

DESGENAIS, se reprenant.

Vous n'aurez pas le droit, madame, de fermer le livre... il ne vous sera pas permis de chasser Chérubin... car c'est votre imprudence qui aura perdu Rosine.

CLOTILDE, à part.

Oh! il a raison, peut-être!

DESGENAIS, à voix basse.

Vous serez forte maintenant, n'est-ce pas?

CLOTILDE, très-agitée.

Forte?... pourquoi?...

DESGENAIS, avec intention.

Pour faire le bonheur de votre fille...

CLOTILDE.

Mais encore une fois, monsieur, Anna n'aime pas monsieur de Tremble.

DESGENAIS.

Et si elle l'aimait!...

JOSEPH, entrant.

Madame, monsieur le comte de Pintré vient d'arriver.

CLOTILDE, cherchant à se remettre.

Je me rends au salon, allez! (Joseph sort, saluant Desgenais.) Monsieur!...

DESGENAIS, bas.

Remettez-vous, madame... je vous ai dit que j'étais votre ami. (Il lui baise la main et la reconduit. Clotilde sort.)

SCÈNE V.

DESGENAIS, seul, regardant Clotilde s'éloigner.

Voilà toujours un pas de fait. (Se promenant.) Revenons à monsieur de Préval; il a des vues sur moi, m'a-t-il dit?... Pardieu! ces projets, je les devine!... Allons, Desgenais, mon ami, te voilà tombé dans un petit carrefour où viennent aboutir des chemins bien différents! En face de toi, la route que tu as suivie déjà... route bordée de protêts, d'assignations et de saisies, et qui mène à l'indépendance honnête et... mal nourrie!... A droite et à gauche, les chemins pavés de petites lâchetés et de grandes hontes, qui mènent aux bonheurs faciles et aux succulents dîners!... Voyons, Desgenais, mon bon, interroge ton cœur?... Desgenais, mon ami, consulte ton estomac; j'ai envie de demander mon chemin à un passant. (Voyant entrer Martin.) Oh! sapristi! pas à celui-là! il me perdrait!

SCÈNE VI.

DESGENAIS, MARTIN.

MARTIN, à part.

Le voilà!... ah! ah!... A nous deux, monsieur le philosophe! (Haut, très-poli.) Eh! c'est vous, monsieur Desgenais! Ah! je suis bien heureux de vous rencontrer!

DESGENAIS.

Vous êtes bien bon!

MARTIN.

Touchez là, je vous prie, je ne vous en veux pas.

DESGENAIS.

Des quarante mille francs que vous avez gardés?

MARTIN.

Je ne parle pas de cela; mais de la façon, un peu verte!... (Riant.) Ah! ah! vous avez été dur pour nous, monsieur Desgenais!... et si l'on était méchant?... Mais j'ai tenu à vous prouver que les *Bourgeois,* que vous méprisez tant, peuvent être capables de quelques bons mouvements.

DESGENAIS.

Je ne vous comprends pas.

MARTIN, tirant des papiers de sa poche.

Monsieur Desgenais, j'ai payé vos dettes.

DESGENAIS.

Plaît-il?...

MARTIN.

Monsieur Desgenais, je suis, à cette heure, votre seul créancier!

DESGENAIS.

Vous avez acheté?...

MARTIN.

Tous vos titres, monsieur... Les voici!

DESGENAIS.

Et dans quel but?...

MARTIN.

Je vous le dirai. (Il lui offre du tabac.

DESGENAIS, refusant.

Non!... merci, ça engage trop.

MARTIN.

Mais d'abord, promettez-moi d'être raisonnable!

DESGENAIS.

Pardon, monsieur Martin; mais je me méfie de votre façon de comprendre la raison! Qu'entendez-vous par être raisonnable?...

MARTIN.

Être raisonnable!... c'est accepter les bonnes affaires que l'on vous propose.

DESGENAIS.

C'est bien ça!... Vous allez voir que nous ne nous entendrons pas!

MARTIN, souriant.

Peut-être!

DESGENAIS.

Ah! ce fin sourire!... ce regard crochu!... Monsieur Martin, vous avez, je gage, quelque petite gredinerie à placer.

MARTIN.

Monsieur!...

DESGENAIS.

Quelque rouerie de magasin dont vous tenez à vous défaire.

MARTIN.

Permettez...

DESGENAIS.

Mais, monsieur Martin, vous m'avez déjà montré vos échantillons... et vous savez bien que je ne veux pas me fournir chez vous.

MARTIN.

Voulez-vous me laisser parler?...

DESGENAIS.

Soit!... Je vous écouterai pour l'instruction des trompeurs à venir.

MARTIN.

Allez!... allez!... J'ai bon dos!

DESGENAIS.

Parbleu!... Vous n'êtes pas un homme, mais un coffre.

MARTIN.

J'attendrai que vous ayez fini.

DESGENAIS.

Non, je vous en prie, ce serait trop long.

MARTIN.

Ah!... Voici donc ce que j'ai à vous dire : (En confidence.) Monsieur Desgenais, mademoiselle Marie avait, vous savez, de faibles titres à la succession de madame Didier, et encore les a-t-elle déchirés, par un sentiment que je ne traduirai pas.

DESGENAIS.

Je vous en défierais, monsieur Martin ; la délicatesse est une langue qu'il faut apprendre de bonne heure.

MARTIN.

Passons... — Le chiffre de vos dettes, en y comprenant vos amendes... politiques, s'élève à la somme de huit mille six cent quarante-un francs soixante-dix centimes.

DESGENAIS, riant.

Parlant à mon concierge.

MARTIN.

Eh bien! je veux vous donner un acquit de la somme totale, et, de plus, je veux, dès demain, reconnaître la moitié de la dette contractée par madame Didier, envers mademoiselle Marie.

DESGENAIS.

Quelle féerie me jouez-vous là, monsieur Martin?

MARTIN.

Ce n'est point une féerie, monsieur Desgenais... Depuis un mois, j'ai fait prendre des renseignements sur mademoiselle Marie.

DESGENAIS, raillant.

Comment! vous avez pris la peine?...

MARTIN.

Oui.

DESGENAIS, raillant.

Et... ont-ils été satisfaisants, monsieur Martin?

MARTIN.

Très-satisfaisants... Je sais que mademoiselle Marie est sage, rangée, économe... Je sais qu'elle serait une excellente maîtresse de maison, fort capable de veiller à tous les intérêts, à tous les besoins d'une vaste entreprise...

DESGENAIS.

Et...

MARTIN.

Et... je vous la demande pour femme...

DESGENAIS, abasourdi.

Vous!... épouser Marie?...

MARTIN.

Sans doute.

DESGENAIS, se contenant.

Ce serait un grand honneur pour elle, assurément, monsieur Martin.. mais elle n'en est pas digne.

MARTIN, modestement.

Oh!...

DESGENAIS, raillant.

Non!... non!... elle ne vaut pas vingt-huit mille six cent quarante-un francs soixante-dix centimes!...

MARTIN.

Allons!... allons!... puisqu'il me plaît!...

DESGENAIS.

D'en donner ce prix-là... alliez-vous dire? Eh bien! c'est égal... je la garde!...

MARTIN.

Mais...

DESGENAIS.

Non!... D'ailleurs, voyez-vous, je suis comme certains marchands d'objets rares, moi, et j'aime mieux donner mon trésor pour rien à un connaisseur.

MARTIN.

Mais il me semble que moi...

DESGENAIS.

Oh! vous, monsieur Martin, vous ne considérez que le rapport... Je vous connais, vous feriez de son esprit et de son cœur ce que vous avez fait déjà de la terre de Rosny... vous arracheriez toutes ces douces fleurs d'amour et de charité pour y planter de vos boutures d'indifférence et d'avarice... Merci, monsieur Martin... Sans façons, nous prendrons un autre jardinier. (Il remonte.)

MARTIN, aigrement, passant à droite.

Cependant, monsieur, réfléchissez... Mademoiselle Marie est sans ressources, à cette heure, et vous-même, enfin... votre sort est dans mes mains.

DESGENAIS, éclatant.

Allons donc, sapristi!... Voilà le grand mot lâché... Vous vouliez nous prendre par la famine?... Tenez, monsieur Martin, vous êtes un spéculateur maladroit.

MARTIN.

Comment?...

DESGENAIS.

Eh! sans doute... Il fallait vous déguiser tout à fait en homme généreux, et commencer par rendre à Marie, sans conditions, le petit héritage dont votre avidité prévoyante l'a dépouillée, et alors...

MARTIN.

Alors?

DESGENAIS.

Je vous eusse refusé tout de même ; mais à cette heure, vous compteriez deux amis, et c'est très-bon, voyez-vous, d'avoir deux amitiés inscrites, pour la vieillesse, sur le grand-livre de l'avenir.

MARTIN, remontant.

Eh! monsieur, je n'ai que faire de vos sermons... Acceptez-vous, oui ou non?...

DESGENAIS, passant à droite.

Je vous offre deux onces de ma chair, si vous voulez.

MARTIN.

C'est bien... Je sais ce qu'il me reste à faire. (Il s'assied à gauche.

DESGENAIS.

Voulez-vous couper?...

MARTIN.

Vous apprendrez ce que c'est que la haine d'un bourgeois!..

DESGENAIS.

D'un bourgeois haineux... Parlez pour vous, monsieur Martin... Ah! vous vouliez placer votre argent sur la beauté, la jeunesse, la vertu; mais ce ne sera, pardieu! pas moi qui prêterai les mains à ce placement-là!... (Changeant de ton.) Voyez-vous monsieur Martin, vous avez calculé toute votre vie; vous n'avez encouragé aucune industrie... tendu la main à aucune infortune... Votre femme est morte à la peine, comme vous le disiez, en portant vos écus... Vous n'avez pas eu d'enfants... par économie!... Vous avez amassé... entassé!... Enfin, vous avez fait une bonne maison... mais la maison est déserte... Maintenant vous vous sentez vieillir, et alors vous voyez avec effroi le vide que votre égoïsme a fait autour de vous!... Eh bien! vous calculez encore!... Il vous faut quelqu'un pour soigner vos intérêts et vos rhumatismes; mais vous craignez de tomber sur un valet qui vous vole, et il vous faut un cœur honnête qui se vende pour le morceau de pain que vous lui avez repris!... Et c'est chez moi que vous venez chercher une servante!... Allez, allez, monsieur Martin!... vous vous trompez de porte... Le bureau de placement est à côté!...

MARTIN, hors de lui.

Ah! vous payerez cher!...

DESGENAIS.

Clichy!... c'est bien!... Envoyez chercher le fiacre, monsieur Martin, et partons... Seulement vous monterez derrière... Des riches comme vous ne sont encore que les valets des pauvres comme moi!...

MARTIN, furieux.

Monsieur!... je vous le dis, vous payerez cher vos paroles!... et le bourgeois trouvera bien le moyen de détruire votre orgueil!...

DESGENAIS.

Je l'en défie!...

MARTIN.

C'est ce que nous verrons!... (Il sort par le fond. Anna et Marie paraissent à droite, attirées par le bruit.)

SCÈNE VII.

DESGENAIS, ANNA, MARIE.

MARIE, courant à Desgenais.

Mon ami, que s'est-il donc passé?...

DESGENAIS.

Oh! presque rien... C'est monsieur Martin qui voulait t'épouser!... (Mouvement de Marie.)

MARIE.

M'épouser!...

ACTE DEUXIÈME

DESGENAIS, riant.

Oui, sous prétexte que vous ne vous aimez pas... Du reste, on n'en a souvent pas d'autres, n'est-ce pas, mademoiselle ?...

ANNA, embarrassée.

Monsieur !...

DESGENAIS.

Je t'avoue, Marie, qu'à cette sotte proposition je n'ai pas été maître de... et, cependant, toi, du moins, tu n'aimais pas ailleurs?... En donnant ta main à monsieur Martin, tu ne retirais ton cœur à personne! (Anna se détourne.) Eh bien, cependant, j'ai refusé, Marie.

MARIE.

Oh! vous avez bien fait.

DESGENAIS.

N'est-ce pas? (A Anna.) Elle m'approuve, vous le voyez!... Ah! dame!... c'est que Marie n'est pas une demoiselle comme beaucoup d'autres...

ANNA, émue.

Monsieur Desgenais!...

DESGENAIS.

Et les filles comme elle ne se marient pas seulement pour faire des jalouses. Elles tiennent à se bien marier, parce que le mariage est pour elles une chose sainte!... et comme elles croient en Dieu, elles ne veulent pas mentir au pied de ses autels.

ANNA.

Monsieur! de grâce!

MARIE.

Ah! vous la faites pleurer!... (Elle entoure Anna de ses bras.)

DESGENAIS, s'élançant auprès d'Anna et lui prenant la main.

Chère enfant!... vous comprenez donc enfin qu'il est une voix plus forte que celle du monde? et que cette voix est celle de notre conscience, de notre cœur!... (Maxime paraît au fond.)

ANNA.

Oui, oui, je le comprends. Tout ce que m'a dit Marie, tout ce que, jadis, je me disais à moi-même!... oh! je sens bien que je ne serais pas heureuse avec monsieur de Pintré... mais, ma mère...

DESGENAIS.

Votre mère, mon enfant, vous aime plus que... plus que tout au monde, et sachez-le bien, Maxime n'est pas un homme ordinaire : il aura, un jour, une position honorable, brillante même, digne, enfin, du nom qu'il porte!...

ANNA.

Oh! je le crois!...

DESGENAIS.

Un jour, c'est trop long peut-être?... Voulez-vous qu'il fasse comme monsieur de Pintré?...

ANNA.

Comment?

DESGENAIS.

Lui aussi, a un petit coin de terre où dorment ses aïeux. Eh bien! il vendra à son tour à des usuriers ses souvenirs de famille, et avec cet argent il agiotera, bientôt il sera riche, au prix peut-être de son honneur, mais...

ANNA, avec élan.

Ah! je ne veux pas!... car alors, je ne pourrais plus l'aimer

MAXIME, s'élançant.

Anna!... vous m'aimez donc?...

ANNA, surprise.

Monsieur Maxime!... vous étiez-là?

MAXIME.

Oh! pardonnez-moi! et ne rétractez pas ces douces paroles! je vous aime tant, moi!...

ANNA.

Silence!... on vient.!

MAXIME, avec joie.

Vous me laissez mon espoir?

ANNA, lui tendant la main.

Maxime!... je parlerai à ma mère!

DESGENAIS.

Bien!... bien!... mademoiselle. (A Maxime.) Je savais bien moi, qu'elle vous aimait.

MAXIME.

Oh! mon ami, que je suis heureux!

SCÈNE VIII.

DESGENAIS, ANNA, MARIE, MAXIME, RAOUL, ALBÉRIC, GANDIN, Quelques Dames, Quelques Jeunes Gens.

(A gauche, Anna et Marie sur le canapé. — Maxime, debout près de la cheminée, regarde Anna avec amour. — Le salon de droite, dans le pan coupé s'est garni de joueurs. — Au premier plan, à droite, deux dames viennent s'asseoir près du petit bureau. — Quelques jeunes gens, entre autres Gaudin les escortaient. — Une autre dame s'est arrêtée près du piano et feuillette des partitions. — Desgenais est remonté et reste près de cette dame, en observant Anna. — Albéric et Raoul s'arrêtent au fond.)

ALBÉRIC, à Raoul, bas.

Tiens! voilà mademoiselle de Préval!...

RAOUL, riant.

Jamais seule!... Le diable m'emporte! elle semble me fuir.

ALBÉRIC.

Du reste, ton rôle de fiancé n'en sera que plus facile.

RAOUL, riant.

Oui, nous arriverons comme cela sans trop d'ennui à la signature du contrat.

GANDIN, dans le groupe de droite.

Oui, madame, je vous jure que si je n'avais été dans la loge de la duchesse de Langiennes...

UNE DAME.

Vous la connaissez?...

GANDIN.

Oh! très-intimement! je ne la quitte presque pas. Bref, sans cette considération, je me fusse sauvé tout de suite et à toutes jambes!...

LA DAME.

De qui est-ce?...

GANDIN.

Ma foi! je n'en sais rien!... d'un monsieur Maxime de Tremble, je crois!

ANNA, à part.

Il parle de Maxime!

GANDIN.

Tout ce que je sais, c'est que c'est détestable.

LA DAME.

Vous êtes sévère, monsieur.

RAOUL, à Anna.

Mademoiselle, vous semblez rêveuse ce soir!...

ANNA.

Excusez-moi, je suis un peu souffrante.

RAOUL.

Pardon!... (Il salue et va rejoindre Albéric.)

GANDIN.

Ah! mesdames, le sort des pauvres critiques est vraiment affreux!... Être obligés d'inventorier tous ces haillons dramatiques!...

ANNA, avec un mouvement.

Oh!... (Elle va se lever.)

DESGENAIS, qui est descendu près d'elle.

Laissez, mademoiselle.

ANNA.

Parler ainsi devant lui!...

MAXIME, à mi-voix.

Que me ferait à cette heure la haine du monde entier...

ANNA, émue.

Maxime!... (Elle lui donne sa main en cachette. Marie était alors tournée du côté de Desgenais.)

RAOUL, riant, à Albéric désignant Anna.

Décidément ma fiancée se refroidit... Mais j'y songe... Elle a peut-être changé d'idée... Je me souviens que madame de Préval avait quelque chose à me dire.

DESGENAIS, qui passait près d'eux et qui a entendu; à part.

Allons! elle n'a pas eu le courage de parler.

GANDIN, continuant la causerie.

Oui, mesdames... en vérité, l'art se meurt... l'art est mort!...

DESGENAIS, descendant près du groupe de droite.

Que ne le ressuscitez-vous, monsieur?...

GANDIN.

Oh! je suis si occupé!... Tous les jours un vaudeville nouveau, une comédie soi-disant nouvelle!... c'est pour en mourir!... (D'un air rêveur.) Quand on serait si bien au coin de son feu, les pieds sur les chenets, avec quelque charmant écrivain sur les genoux!...

LA DAME.

Mais, monsieur, puisque vous les trouvez tous mauvais?... (Elle se lève.)

GANDIN.

Ah! les vivants seulement!... mais pas les morts. (Il se lève et passe à gauche.)

DESGENAIS, au groupe.

Oui, monsieur Gandin ne jette de fleurs que sur les tombes (Les dames remontent au piano.)

GANDIN.

Ah! ah!... (Allant auprès d'Anna qui tient un album.) C'est votre album.

mademoiselle?... S'il m'en souvient, vous me fîtes l'honneur de me demander quelques vers, et si vous le désirez...

ANNA, fermant l'album.

Mille grâces, monsieur; vous seriez en trop mauvaise compagnie... il n'y a là que des vivants!

MAXIME, bas.

Merci!

GANDIN, étourdi.

Mon Dieu, mademoiselle, vous aurais-je déplu tout à l'heure? Vous vous intéressez peut-être à ce monsieur... (Il passe à droite et tombe sur Maxime.)

MAXIME, très-bas à Gandin.

Monsieur, vous êtes un impertinent!

GANDIN.

Monsieur!

MAXIME, saluant.

Maxime de Tremble... à vos ordres!

GANDIN, riant.

Ah! ah! fort bien!... (bas à Albéric.) Le poëte qui était là, et qui se fâche d'avance contre mon article!... (Il rit.)

DESGENAIS, qui a entendu, à Gandin.

Vous vous trompez monsieur; Maxime, j'en suis sûr, est de l'avis de Figaro!... Qu'il n'y a que les petits hommes qui doivent redouter les petits écrits.

GANDIN.

Nous verrons cela, monsieur!

MARIE, à Anna.

Tu es heureuse, n'est-ce pas?...

ANNA.

Oui .. Mais je te l'ai dit, Marie, j'ai peur que ma mère...

MARIE.

Ta mère ne peut vouloir que ton bonheur. (Un valet apporte des rafraîchissements.)

GANDIN, à Albéric.

C'est fort drôle!... Mademoiselle de Préval qui défend monsieur Maxime.

ALBÉRIC.

C'est par esprit de famille.

GANDIN.

Comment?...

ALBÉRIC.

Pour faire plaisir à sa mère.

GANDIN.

Je ne comprends pas.

ALBERIC.

Si vous aviez suivi la direction des regards de madame de Préval, vous comprendriez.

GANDIN.

En vérité!... Est-ce que le petit de Tremble?...

ALBÉRIC.

Le petit de Tremble a été, est, ou sera...

GANDIN.

L'amant de madame de Préval!... C'est fort drôle.

DESGENAIS, après un mouvement.

Oh!... on le dit déjà!...

(Jules est entré gaîment. Il salue à droite et à gauche, donne des poignées de main aux jeunes gens, et sépare Desgenais d'Albéric.— Jules a une fleur à sa boutonnière).

RAOUL, revenant de la gauche.

Ah! te voilà, toi!... Toujours en retard!

JULES, à mi-voix.

Que veux-tu?... Elle ne voulait pas me laisser partir!

ALBÉRIC, redescendant.

Fat?

JULES, après un mouvement.

Fat!... Tu crois?...

ALBÉRIC, apercevant la fleur, la lorgne attentivement.

Oh!...

DESGENAIS, à part.

Oh! il faut que ce soir même madame de Préval donne un démenti formel à ce qui n'est encore qu'une calomnie.

(Il va près d'Anna.— Maxime s'est rapproché du groupe de Jules).

JULES, riant toujours; à part.

C'est étonnant que cet Albéric soit justement le seul qui ne croie pas à mes bonnes fortunes!... Il est confiant comme un mari!

RAOUL.

Ah çà, mais comme tu es gai?...

GANDIN.

Ne peut-on connaître la cause de?...

JULES.

Non, non, je ne puis vous la dire.

ALBÉRIC, qui lorgnait toujours.

Je vous la dirai, moi, messieurs.

TOUS

Bah!

JULES, à part.

Hein? (On se rapproche d'Albéric.)

ALBÉRIC, à mi-voix.

Mais, auparavant, monsieur Jules de Préval nous dira, lui, dans quels jardins enchantés il a cueilli ce magnifique?...

JULES, un peu troublé.

Pourquoi cette question?

ALBÉRIC, tranquillement.

Ah! c'est qu'il n'y a que ce pied-là à Paris... ça vient d'Écosse. Je l'ai reçu hier soir et envoyé ce matin à mademoiselle Phrasie. (Gandin rit bruyamment; tous rient.)

JULES, troublé.

Je ne sais vraiment ce que...

ALBÉRIC.

Cette fleur-là a deux défauts: elle coûte fort cher et elle est très-indiscrète. (Il lui enlève la fleur très-délicatement et la foule aux pieds.)

JULES.

Albéric!

ALBÉRIC, froidement.

Cette fleur vient de la rue de Provence, monsieur.

JULES.

Mais... non...

ALBÉRIC, très-bas.

Monsieur de Préval, vous mentez.

JULES.

Une telle insulte!

ALBÉRIC.

C'est bien... Vous chercherez vos témoins... (Il lui tourne le dos et va près du canapé, sur lequel une dame a remplacé les deux jeunes filles, qui ont disparu un instant.)

JULES, très-troublé.

Mais, enfin!...

RAOUL, bas.

Prends garde!

JULES.

Mais comprends-tu que pour une fleur?...

GANDIN, à Jules.

Mon cher, comptez sur moi.

JULES, très-pâle.

Ah! oui, je vous remercie!

RAOUL, bas.

Ta mère!... qu'elle ne se doute de rien!

JULES.

Non... non... c'est juste!...

CLOTILDE, à Jules.

Ah!... te voilà!...

JULES.

Oui, oui, ma mère!...

CLOTILDE.

J'avais regret de t'avoir laissé partir.

JULES.

Ah!... vraiment?... (A part.) Quelle fatalité!

MAXIME, apercevant madame de Préval. — A part, avec agitation.

Oh! dire que tout mon bonheur dépend d'elle!...

CLOTILDE, à part.

Comme il est ému!... Qu'a-t-il donc? (Desgenais rentre avec Anna.)

DESGENAIS, qui causait bas à Anna.

Allons!... du courage, mon enfant! Il le faut!... pour vous et pour votre mère!... du courage!...

ANNA.

J'en aurai!... car je sens bien là que je l'aime! (On entend une valse au fond.)

ALBÉRIC, à la dame du canapé.

Me ferez-vous la grâce, madame... (La dame prend son bras; ils sortent. Les autres se dispersent peu à peu.)

JULES, à part.

Il peut danser, lui!... Eh bien! moi aussi, je danserai. (A Marie.) mademoiselle?...

MARIE.

Merci, monsieur, je ne danse pas...

JULES, cherchant à se remettre.

Daignerez-vous, du moins, faire un tour de salon avec moi?...

MARIE.

Volontiers, monsieur. (A Desgenais.) Venez-vous, mon ami?

DESGENAIS.

Oui, oui, mon enfant. (Il sort en regardant Clotilde.)

CLOTILDE, à part.

Oh! quels reproches dans ses yeux!

RAOUL, qui s'est approché d'Anna.

Mademoiselle?... (Il lui offre son bras.)

ANNA.

Excusez-moi, monsieur ; mais il faut que je parle à ma mère.

RAOUL.

Ah ! (Il s'incline, riant, à part.) Je ne sais pourquoi, mais je prévois un cataclysme... (Prenant le bras de Gandin.) Venez-vous lorgner des héritières ? (Ils sortent par la droite.)

ANNA, à part.

Oh !... c'est bien décidé !... je lui dirai tout.

SCÈNE IX.
CLOTILDE, ANNA.

ANNA, allant à sa mère.

Chère maman ! j'aurais une grande confidence à vous faire.

CLOTILDE.

Une grande confidence, dis-tu ?

ANNA.

Oui... et je ne sais... par où commencer.

CLOTILDE, distraite.

Eh bien, commence par la fin.

ANNA, descendant avec Clotilde.

Tu souris !... Oh ! cela m'encourage. Eh bien ?...

CLOTILDE.

Eh bien ?

ANNA.

Maman... il me semble à présent que le bonheur n'est pas dans les satisfactions de l'orgueil, dans les enivrements du luxe ; mais dans l'accomplissement des rêves que le cœur a formés.

CLOTILDE.

Que veux-tu dire ?

ANNA.

Je veux dire, maman, que je crains de me préparer des regrets pour l'avenir ; je veux dire, enfin, que je ne puis être la femme de monsieur de Pintré.

CLOTILDE.

Que signifie ?...

ANNA.

Jadis, je voyais que mon père et vous désiriez ce mariage, et alors j'ai tâché de vous obéir. J'ai voulu m'éblouir moi-même avec ce titre de comtesse que l'on avait fait briller à mes yeux. Mais j'ai eu beau faire, maman, je le vois bien, je ne suis pas ambitieuse, car un seul mot a suffi pour détruire mon ouvrage et le vôtre.

CLOTILDE, agitée.

Mais enfin!... que reprochez-vous à monsieur le comte, votre fiancé?...

ANNA.

Je ne l'aime pas, ma mère!

CLOTILDE.

Ah! vous ne l'aimez pas?... Et... vous en aimez un autre, sans doute!

ANNA.

Oui, ma mère.

CLOTILDE, tremblante.

Et... quel est celui-là?...

ANNA.

Je vous le nommerai, ma mère; mais, promettez-moi de ne pas trop me gronder.

CLOTILDE.

Comment?...

ANNA.

Oh! je vous en prie!... ne prenez pas votre regard sévère! car, alors, je garderais mon secret! Je me tairais, maman, dût mon silence faire le malheur de ma vie.

CLOTILDE.

Le malheur de ta vie?... Non, non, tu parleras, je veux que tu parles. Il ne faut pas que tu sois malheureuse; dis-moi donc le nom de celui que tu aimes.

ANNA.

Eh bien, c'est...

CLOTILDE.

C'est?...

ANNA.

C'est monsieur Maxime de Tremble.

CLOTILDE, à part.

Maxime!... Oh! les battements de mon cœur me l'avaient dit...

ANNA.

Tu ne réponds rien?... tu détournes les yeux?... Oh! maman, ne me défends pas de l'aimer!

CLOTILDE, à part.

Mon Dieu!... mon Dieu!... (Elle s'assied.)

ACTE DEUXIÈME

ANNA.

Tout ce que tu pourrais me dire, je me le suis dit déjà, vois-tu? J'ai voulu l'oublier!... (Elle passe derrière sa mère.) J'ai tout fait pour chasser ces souvenirs d'enfance qui remplissaient mon âme... J'ai tâché même d'être coquette, pour qu'il ne songeât plus à m'aimer, et qu'alors ses regards fussent moins tendres!... sa voix moins émue quand il serait près de moi; mais je n'ai pas été assez forte, maman, et quand il a quitté cette demeure, quand j'ai cru que je ne devais plus le revoir, ma vie s'est arrêtée, et j'ai pleuré en cachette; quand il a reparu, toutes mes résolutions passées se sont évanouies, et je me suis juré qu'il ne partirait plus.

CLOTILDE.

Anna!

ANNA, s'agenouillant.

Est-ce que vous voulez qu'il parte, maman? qu'il s'en aille à jamais?... Non, n'est-ce pas?... car alors, que deviendraient les siens dont il est tout l'espoir?... les siens dont vous-même m'avez parlé si souvent avec tant de respect, de bonté?...

CLOTILDE, comme à elle-même.

Tu me fais mal!

ANNA.

Vous êtes fâchée maintenant, n'est-ce pas, de l'avoir éloigné de nous?

CLOTILDE.

Anna!

ANNA.

Ah! maman, ce n'est pas un reproche que je vous adresse! Vous deviez agir comme vous l'avez fait!... Car, si vous connaissiez son secret, vous ignoriez le mien, et il était de votre devoir d'enlever à monsieur de Tremble une espérance que vous ne croyiez pas pouvoir devenir jamais une réalité; mais maintenant, puisque vous savez tout, ma mère, et puisque je l'aime aussi!... vous le retiendrez, n'est-ce pas? Oh! dites-moi que vous le retiendrez?

CLOTILDE, agitée, se levant.

Anna! ce que tu me demandes est impossible! Ne sommes-nous pas engagés vis-à-vis de monsieur de Pintré?... N'avons-nous pas promis?

ANNA, toujours à genoux.

Vous avez promis de faire mon malheur? Eh bien, tenez donc votre promesse; mais j'en mourrai, ma mère.

CLOTILDE, la relevant.

Mourir!... toi, mourir!... Oh! tais-toi! tais-toi!... Non,

non, tu ne seras pas la femme de monsieur de Pintré, cela ne sera pas, cela ne se peut pas ; car je ne veux pas que tu meures !

ANNA.

O mon bon ange! et tu consentiras à mon mariage avec monsieur de Tremble ?

CLOTILDE, passant à droite.

Oh! cela! c'est de la folie!...

ANNA.

Maman!...

CLOTILDE.

Ton père ne voudra jamais...

ANNA.

Mais si tu le veux, toi ?...

CLOTILDE, à part.

Mon Dieu! que je souffre!... oh! lâche cœur de mère !

ANNA.

Tu es une parente du ministre, tu pourrais lui parler pour Maxime! lui faire obtenir une place!... je ne sais quoi! Oh! dis-moi que tu feras cela ?

CLOTILDE.

Anna!

ANNA.

Chère maman! tu l'as dit, tu ne veux pas que je meure !...

CLOTILDE, la saisissant dans ses bras, avec terreur.

Anna, ne parle pas ainsi... tu me rends folle!... Je ferai ce que tu voudras!... tout ce que tu voudras. Maxime!... (Avec effort.) Monsieur Maxime sera ton mari.

ANNA.

Ah ! que je t'aimerai !...

CLOTILDE.

Oui, n'est-ce pas? Il faudra bien m'aimer, Anna ?

ANNA.

Oh ! nous t'aimerons tous les deux.

CLOTILDE, amèrement.

Oui, tous les deux... et si tu es heureuse !

ANNA.

Oh! chaque jour je vous bénirai, ma mère.

CLOTILDE, à part, avec une horrible douleur.

O Maxime!... Maxime!... (Tout à coup avec énergie.) Embrasse-moi! embrasse-moi, ma fille !...

ANNA.

Mon Dieu! qu'as-tu donc?

CLOTILDE.

Rien, rien... C'est fini! (A part.) Bien fini!... car ce serait un double crime.

ANNA, qui regardait au fond.

Maxime!... Ah! maman!... Je suis bien heureuse!... Adieu... je vais lui dire que tu me permets de l'aimer!... (Elle sort en lui envoyant des baisers.)

CLOTILDE, à part.

Et vous, mon Dieu! vous permettrez, n'est-ce pas, que je ne l'aime plus! (Elle tombe sur le canapé, à gauche.)

SCÈNE X.

CLOTILDE, RAOUL, GANDIN. (Ils ne la voient pas.)

RAOUL, à demi-voix.

Vous comprenez bien, n'est-ce pas, que je ne puis, en cette circonstance, être le témoin de monsieur de Grandchamp. (Clotilde relève la tête.)

GANDIN.

Cherchons-en donc un autre.

CLOTILDE, se levant.

Un duel! messieurs!

RAOUL, à part.

Madame de Préval!

CLOTILDE.

Qui donc se bat ici?

GANDIN.

Mon Dieu, madame, figurez-vous que...

RAOUL, le poussant.

Un enfantillage, madame, une querelle sans conséquence!...

CLOTILDE.

Mais enfin, quel est donc l'adversaire de monsieur de Grandchamp?

RAOUL.

Mais je... (A part.) Je ne peux pourtant pas lui dire que c'est son fils.

CLOTILDE, se contenant.

Tout à l'heure, quand je suis arrivée, monsieur de Tremble semblait fort agité...

RAOUL, vivement.

Monsieur de Tremble.

CLOTILDE, même jeu.

Est-ce lui qui se bat ?...

GANDIN.

Mais !...

RAOUL.

Oui... oui... madame, c'est lui !

CLOTILDE, à part, avec effroi.

Oh ! (Cherchant à se remettre.) Mais... monsieur de Pintré, pourquoi donc disiez-vous tout à l'heure que vous ne pouviez être le témoin de monsieur de Grandchamp ?

GANDIN.

Mais parce qu'il est l'ami de...

RAOUL, vivement.

De Maxime.

CLOTILDE.

Ah ?...

RAOUL, voulant se retirer.

Excusez-nous, madame !...

CLOTILDE.

Allez ! allez messieurs !... (Ils la saluent et sortent.)

SCÈNE XI.

CLOTILDE, puis MAXIME.

CLOTILDE, avec une sorte d'égarement.

Se battre !... lui !... Maxime !... et... et Anna qui l'aime ! (L'apercevant.) Ah ! le voilà ! c'est lui !... *

MAXIME, joyeux.

Ah ! madame !... que vient de me dire mademoiselle Anna ?... que vous daigniez m'accorder votre protection ?

CLOTILDE, avec impatience.

Oui, monsieur, c'est entendu... mais répondez-moi... vous allez vous battre ?...

MAXIME.

Moi, madame ?...

CLOTILDE.

Avec monsieur de Granchamp !... le comte de Pintré m'a tout dit...

MAXIME, étonné.

Monsieur le comte ?...

CLOTILDE, agitée.

Il ne me savait pas là !... il a parlé d'un duel qu'avait monsieur de Granchamp, j'ai voulu connaître son adversaire, et il vous a nommé !...

MAXIME, à part.

Oh ! je comprends !...

CLOTILDE.

Vous ne répondez rien ? c'est donc vrai ?... Oh ! mais vous ne vous battrez pas !... je ne le veux pas !... je vous le défends !...

MAXIME.

Madame...

CLOTILDE.

Cet Albéric ?... ce marquis de Granchamp, c'est un duelliste ! un spadassin !... il vous tuera !

MAXIME, à part.

Grand Dieu !... si elle savait ?...

CLOTILDE, égarée.

Il vous tuera, vous dis-je ! Oh ! jurez-moi, jurez-moi que vous ne vous battrez pas !

MAXIME.

Mais...

CLOTILDE.

Quelle est la cause de ce duel ?... une querelle de jeu sans doute, un rien peut-être, on peut s'entendre, s'expliquer !... je ne sais pas, moi... mais ce que je sais bien, c'est que ce combat inégal n'aura pas lieu, c'est que... (A part.) Ah ! je ne sais ce que j'éprouve... mais il me semble que je mourrais avant lui !...

MAXIME.

Mon Dieu ! madame ! Vous chancelez, qu'avez-vous ? je vais appeler ?...

CLOTILDE, luttant.

Non, non, je vous le défends !... par grâce !... ne vous éloignez pas !... restez !... je le veux... je... (Poussant un cri étouffé.) Ah !...
Elle s'affaisse sur le fauteuil qui est près d'elle.)

MAXIME.

Elle est évanouie !... que faire ?... et elle m'a défendu de...
(S'agenouillant devant elle et lui prenant les mains.) Mais il faut cependant... madame !... madame !..

CLOTILDE, revenant à elle et apercevant Maxime, avec un cri de joie.

Il est encore là !...

(Par un mouvement involontaire, Clotilde saisit dans ses mains la tête de Maxime, puis elle pousse un cri de honte et se lève.)

MAXIME, à part.

Oh ! quel éclair !... oui... ce trouble, ce regard d'autrefois...

CLOTILDE, à part.

Mon Dieu !... mon Dieu !... vous ne m'avez pas exaucée.

MAXIME, à part.

Ces larmes, oh ! j'ai deviné... (Haut.) Eh bien, madame ?...

CLOTILDE.

Je me sens mieux... merci !... Je vais me retirer, mais avant, promettez-moi, monsieur, jurez-moi que vous ne vous battrez pas...

MAXIME.

Madame !....

CLOTILDE.

Je vous le demande au nom de ma fille.

MAXIME.

Ah !

CLOTILDE.

Eh bien?

MAXIME.

Je vous le jure, madame !

(Elle lui donne sa main, Maxime la porte à ses lèvres. — Clotilde essuie ses larmes à la dérobée. — Desgenais paraît au fond.)

CLOTILDE.

Merci !... merci !...

DE PRÉVAL, dans la coulisse.

Ah ! c'est une indignité !...

CLOTILDE, à part.

Monsieur de Préval !... (A Maxime.) Vous avez juré. (Elle sort.)

MAXIME, bas à Desgenais.

Mon ami, je ne serai jamais le mari d'Anna, elle a une rivale ! et cette rivale...

DESGENAIS, bas.

Je le savais...

MAXIME.

Quoi ?...

DESGENAIS.

Mais le père sera pour nous... je vais tâcher du moins, allez, allez !... (Maxime sort.)

SCÈNE XII.
DESGENAIS, DE PRÉVAL.

DE PRÉVAL.

Ah ! mon ami ! je suis mort ! je suis assassiné ! je suis rayé ! je ne serai pas pair !

ACTE DEUXIÈME

DESGENAIS, à part.

Il pourra peut-être maintenant s'occuper de sa famille.

DE PRÉVAL.

On me sacrifie, on m'immole, c'est une indignité!

DESGENAIS.

C'est vrai.

DE PRÉVAL.

Une injustice criante!

DESGENAIS.

J'en conviens.

DE PRÉVAL.

Un passe-droit révoltant!

DESGENAIS.

Calmez-vous!

DE PRÉVAL.

Jamais!

DESGENAIS, avec précaution.

Allons, monsieur de Préval, n'êtes-vous pas au-dessus de cela?...

DE PRÉVAL.

Si fait!... mais c'est le procédé qui m'indigne!... (Il passe à droite.)

DESGENAIS.

Je le comprends... mais après tout, demain, vous n'y penserez plus.

DE PRÉVAL.

Vous croyez cela, vous?

DESGENAIS.*

Voyons, monsieur de Préval, regardez autour de vous, et vous verrez que vous pouvez être heureux encore... heureux du bonheur des autres; bonheur que... vous avez un peu négligé, peut-être ; ainsi madame de Préval pourrait se plaindre...

DE PRÉVAL.

Ah! je le lui conseillerais, par exemple!...

DESGENAIS.

Comment?...

DE PRÉVAL.

Mais, si je ne suis pas nommé, c'est peut-être sa faute; car si elle avait voulu intriguer un peu auprès de son parent... le ministre... Mais non, madame a une fierté ridicule, et elle se rait cru déshonorée en faisant une démarche...

DESGENAIS, se contenant.

Eh bien! maintenant, elle en fera pour votre cher Jules, pour votre fils.

DE PRÉVAL.

Mon fils?... Vous croyez que je veux qu'il serve ces gens-là?.. Du tout, je renonce aux emplois pour lui.

DESGENAIS.

Soit!... Alors, madame de Préval s'occupera avec vous de l'avenir de votre fille

DE PRÉVAL.

Ah! à propos... Monsieur de Pintré est un protégé du château, je crois?

DESGENAIS.

Oui.

DE PRÉVAL.

Très-bien!... Il n'aura pas ma fille. Je reprends ma parole.

DESGENAIS, à part.

Bravo!...

DE PRÉVAL.

Je chercherai pour Anna un mari dont la famille ne tiendra en rien à la monarchie.

DESGENAIS.

J'ai votre affaire... Monsieur de Tremble...

DE PRÉVAL.

Oui... vous avez raison... le père est toujours resté éloigné des intrigues, des coteries... La cour ne peut pas le souffrir... Le fils sera mon gendre.

DESGENAIS, après un mouvement, à part.

Enfin!...

DE PRÉVAL.

Ah! l'on me brave!... Mais le gouvernement a donc oublié ce que nous pouvons, nous autres grands capitalistes!... Il l'a appris, cependant, en 1830. Ce n'est pas si vieux!... Lors de ce chemin de fer que l'Etat voulait exécuter lui-même, nous avons crié haut et ferme, et l'Etat a cédé.

DESGENAIS, se contenant. A part.

Et l'Etat a eu tort!...

DE PRÉVAL.

Ah! l'on me brave!... Eh bien! je dirai tout ce que je pense du gouvernement.

DESGENAIS.

Monsieur de Préval!...

DE PRÉVAL.

Voyons... là... qu'est-ce que c'est que nos hommes d'État?...

Des gens qui ne s'occupent que de futilités des plus futiles... L'autre soir, au bal de l'ambassade, il y en avait deux qui devisaient au coin de la cheminée... Savez-vous de quoi ils parlaient?... De l'éclairage au gaz du quai des Tuileries, et des grives en caisse du feu duc d'Escars!...

DESGENAIS, bouillonnant.

C'est excellent... et si vous n'avez que cela à leur reprocher?...

DE PRÉVAL.

Que cela?... Mais, monsieur, rien ne va plus, et le reste va de travers... Il pleut des faillites.

DESGENAIS, prêt à éclater.

Tiens, il ne pleuvait pas hier.

DE PRÉVAL.

Il pleut aujourd'hui... On ne voit plus qu'entreprises fondées sur le mensonge... mines imaginaires... inventions illusoires...

DESGENAIS, avec impatience.

Eh! monsieur, à qui la faute?

DE PRÉVAL.

A qui?... Au gouvernement, qui encourage tout cela au lieu d'encourager les arts... Ainsi, vous allez voir que je ne pense pas seulement à moi... Il y a un jeune statuaire qui a exposé au dernier Salon un Prométhée délivré par Hercule... C'est un chef-d'œuvre...

DESGENAIS.

Ce matin vous ne l'aviez pas vu?

DE PRÉVAL.

Je l'ai vu ce soir... Oui, un chef-d'œuvre! Eh bien! le gouvernement ne l'a pas acheté, il ne l'achètera pas, et le malheureux artiste sera obligé de vendre sa statue au rabais, et faute d'un peu de pain et d'un peu de marbre, la France perdra peut-être une de ses gloires.

DESGENAIS, à part.

O colère tardive!...

DE PRÉVAL.

Ah! l'on me brave!... Eh bien! je saperai le trône!

DESGENAIS, éclatant.

Vous ne le pouvez pas, monsieur.

DE PRÉVAL.

Comment?... Avec mon argent?

DESGENAIS.

Non, vous ne le pouvez pas, parce que le passé subsiste toujours... et qu'après ce que l'on a fait pour vous,..

DE PRÉVAL.

On n'a rien fait, monsieur, tant qu'il reste quelque chose à faire!

DESGENAIS, avec indignation.

Ainsi, la reconnaissance?...

DE PRÉVAL.

Je suis homme à l'oublier. (Mouvement de Desgenais.) Et je le leur prouverai bientôt par mon journal, et vous m'y aiderez...

DESGENAIS.

Plaît-il ?

DE PRÉVAL.

Nous ferons une révolution à nous deux.

DESGENAIS, à part.

Nous y voilà. (Haut.) Pardon, monsieur, j'ai pu dans un temps attaquer des actes qui me semblaient mauvais. Je croyais utile à mon pays de parler comme je l'ai fait. L'avenir me dira si je me suis trompé... Mais en tous cas, j'obéissais alors à ma conscience et non à de mesquines haines, à des vengeances personnelles... Enfin, je ne trempais pas ma plume dans ma bile, je ne la tremperai pas dans la vôtre.

DE PRÉVAL.

Monsieur!...

DESGENAIS.

Non, je ne me ferai pas l'artisan de vos rancunes, le serviteur de votre ingratitude! Oui, monsieur ; car, vous devez tout à ce gouvernement, et vous le maudiriez pour une fois qu'il vous oublie! Non, non, monsieur, je ne vous y aiderai pas. Il n'y a qu'un moyen de s'affranchir de la reconnaissance, c'est de refuser le bienfait.

DE PRÉVAL.

Il suffit, monsieur... Les opinions sont libres; mais je pense que de l'instant où vous ne partagez pas les miennes...

DESGENAIS.

Je ne dois pas non plus partager votre pain, c'est juste, monsieur. Je partirai ; je m'y attendais!... Depuis longtemps j'avais deviné le personnage que vous me destiniez dans la comédie de votre ambition, et j'étais bien décidé à refuser mon rôle! Reprenez-le, monsieur! je ne veux pas être sifflé par les honnêtes gens.

DE PRÉVAL.

Nous verrons où cela vous conduira, monsieur.

DESGENAIS, riant.

Ah! ah! ah! pauvre sot que j'étais!... quand je pense qu'un

instant j'ai cru orgueilleusement à une protection noble et désintéressée! Oui, j'ouvrais un large bec quand maitre renard faisait des révérences à ma vertu. Décidément, la fable du Corbeau sera éternelle! Cette fois, c'est ma conscience qui serait le fromage. Il est vrai qu'en échange, maître renard me donnerait peut-être une sous-préfecture, une recette générale ou un bureau de tabac!... Mais ça ne peut pas m'aller; je ne vendrais pas à faux poids, je ne ferais pas mes affaires.

DE PRÉVAL.

Il en coûte cher, monsieur, pour parler ainsi.

DESGENAIS.

Oh! moi! ça ne me coûte rien!... j'en ai l'habitude.

DE PRÉVAL.

Au revoir, monsieur Desgenais, monsieur l'homme vertueux. (Du fond.) Mes adieux à votre ami, monsieur de Tremble.

SCÈNE XIII.

DESGENAIS, puis MARIE

DESGENAIS.

Maxime! c'est vrai, je l'avais oublié. Mais, après tout, je ne peux pourtant pas me déshonorer pour le bonheur des autres (Apercevant Marie.) Ah!... c'est toi?... mon enfant; tu as bien fait de revenir.

MARIE.

Je m'ennuie dans toute cette cohue; je vous cherchais.

DESGENAIS, à lui-même.

Tous les mêmes.

MARIE.

Qu'avez-vous?...

DESGENAIS, s'asseyant.

J'ai du dégoût jusqu'aux oreilles, Marie! viens donc, viens me cacher le monde avec tes deux mains chastes et pures. Viens, Blanche!... viens consoler Triboulet. J'ai besoin de me rafraîchir le cœur, car voilà deux jours que je n'ai causé avec toi... Voyons?... depuis ce temps, qu'as-tu fait?... qu'as-tu pensé?...

MARIE.

J'ai pensé à vous comme toujours, en m'éveillant. (Riant.) Et ce matin, j'ai été réveillée de bonne heure... les oiseaux du dehors faisaient un tapage, ils ont demandé leur déjeuner plus tôt que d'habitude.

DESGENAIS.

Ils allaient peut-être au château!... les intrigants!

MARIE.

J'ai fini le fauteuil de ma tante... Le tapissier me demande douze francs... Est-ce trop cher?...

DESGENAIS.

Non... c'est trop bon marché.

MARIE.

La petite fille de l'aveugle est venue, c'était sa semaine aujourd'hui... je lui ai donné ses trente sous... (continuant.) Et puis après, j'ai arrangé ma robe de bal... Me trouvez-vous bien?...

DESGENAIS.

Tu es belle comme la vertu, Marie... et hier, qu'as-tu fait?...

MARIE.

Hier!... nous sommes allées à l'église... (A demi-voix.) J'ai fait brûler un cierge pour vous.

DESGENAIS.

Parle tout haut, chère fille, il n'y a que Dieu qui t'entende... après?

MARIE.

Après, nous sommes allées au tombeau de madame Didier et de Raphaël; les dernières fleurs que nous avions portées étaient toutes mortes, mais, par exemple, les ifs sont bien beaux!... Il n'y avait personne dans le cimetière parce qu'il faisait froid. Nous étions toutes seules; j'étais bien heureuse. Vous pleurez?

DESGENAIS, se levant.

Marie, parle!... oh! parle encore. Après?

MARIE.

Après?... Nous sommes revenues en voiture, parce que ma tante était fatiguée. Nous avons rencontré l'abbé Pascal; l'abbé est monté dans notre voiture et il est venu dîner avec nous. Il n'y avait rien, mais il a bien dîné tout de même. Le soir il a joué au piquet avec ma tante, et puis après, elle m'a tiré les cartes, pour voir si je serais heureuse. L'abbé a un peu grondé, puis beaucoup ri; ma tante lui a fait aussi les cartes, à lui, afin de savoir si la quête de demain, pour les pauvres, serait bonne. Les cartes ont dit que non. Alors j'ai donné cent sous.

DESGENAIS.

Marie!... Marie!... Oh! tiens, vois-tu, c'est fini, puisque j'ai la main malheureuse, puisque je tombe toujours sur les méchants de ce monde, je renonce à me frayer une route dans ces sentiers bordés d'épines. Je cherchais ma route, je l'ai trouvée!... Elle conduit là-bas, dans votre humble maison, qu'habite la vertu, où s'asseoit la prière. Marie, je ne te quitterai plus. J'étais peintre autrefois!... je ferai des bonnes vierges pour l'abbé Pascal! J'étais musicien, je jouerai de l'orgue pour l'abbé Pascal, je... (A lui-même) Ah! mais j'oublie que le fiacre est peut-être à la porte.

MARIE.

Comment?

DESGENAIS.

Rien, rien....

MARIE.

Mais, j'y songe, quand je suis arrivée, vous étiez troublé! Monsieur de Préval, lui, avait l'air bien sévère; que s'est-il donc passé?

DESGENAIS.

Marie! monsieur de Préval m'a remercié, parce que je ne voulais pas lui vendre ma conscience.

MARIE.

Oh!

DESGENAIS.

Aussi... qu'il s'arrange!... Je m'étais fait le gardien du bonheur de sa maison!... Il a chassé le chien de garde, tant pis pour lui.

MARIE.

Je ne vous comprends pas... Mais ne pouvez-vous donc plus rien pour lui dans le temps qui vous reste?

DESGENAIS.

Si... si peut-être!

MARIE.

Eh bien, alors, mon ami, il faut faire tout ce que vous pourrez.

DESGENAIS, avec élan.

Petit ange!... oui, tu as raison!... et je n'en aurai pas le démenti. (A part.) Je garderai leur bonheur malgré eux!... Après tout, je leur redois huit jours, j'ai reçu une quinzaine d'avance (Jules paraît au fond; il est pâle et défait.)

MARIE, bas.

Monsieur Jules de Préval!... Il a peut-être besoin de vous parler, je vous laisse avec lui... Et faites ce que vous avez dit, mon ami... Voyez-vous, l'abbé me le disait hier encore : Il faut toujours rendre le bien pour le mal.

DESGENAIS,

Mais, sapristi! je ne suis occupé qu'à rendre....

MARIE.

A bientôt!...

DESGENAIS.

A bientôt!... (Il la reconduit, et revient à Jules qui marche avec agitation.)

SCÈNE XIV.
DESGENAIS, JULES DE PRÉVAL.

DESGENAIS.

Qu'avez-vous donc, monsieur de Préval?...

JULES.

Rien!... rien!... Seulement je viens de valser! et maintenant cela me tourne la tête.

DESGENAIS, riant.

Ah! dame! vous vous faites vieux!... (Jules fait un mouvement.) Mais en vérité, vous venez de frissonner...

JULES.

Oui, un peu... Après une nuit passée..., car le jour viendra bientôt... Quelle heure est-il donc?

DESGENAIS.

Cinq heures, je crois.

JULES.

Merci!... Il y a de singuliers hasards... Êtes-vous superstitieux?...

DESGENAIS.

Quelquefois!... Et vous?...

JULES.

Moi aussi. (Il rit d'un rire forcé.)

DESGENAIS.

Pourquoi riez-vous?

JULES.

Pour rien. Mais c'est assez bizarre, cette phrase que vous venez de dire en l'air sans y songer...

DESGENAIS.

Quelle phrase?

JULES.

Vous vous faites vieux!...

DESGENAIS.

Eh bien?

JULES.

Eh bien! cette phrase a peut-être... (raillant) une signification terrible...

DESGENAIS.

Je ne comprends pas.

JULES.

Dame!... un homme, quoiqu'il n'ait que vingt ans, s'il n'a en revanche que deux heures à vivre, ne sera-t-il pas bien vieux à votre avis?...

DESGENAIS.

Sur quel procès criminel avez-vous donc marché?

JULES, riant.

Eh! mon cher, je n'ai pas marché sur un procès, j'ai marché sur un duel. (Il passe à droite.)

DESGENAIS.

Un duel!...

JULES.

Oui, je me bats ce matin avec Albéric.

DESGENAIS.

Ah! monsieur de Grandchamp!... je devine... On vous a répété ses paroles... et vous l'avez provoqué.

JULES.

Quelles paroles?... Mais, pas du tout, c'est bien lui, pardieu! qui m'a provoqué.

DESGENAIS.

Monsieur de Grandchamp? vous voulez rire!

JULES.

Du tout, ce que je vous dis est la vérité.

DESGENAIS.

Alors, je n'y suis plus... Pour quel motif ce duel?...

JULES.

Ah! je ne sais plus, pour une femme, sans doute... C'est très-drôle, n'est-ce pas?

DESGENAIS.

Très-drôle, en effet!... Mais, vous êtes bien pâle, Jules?

JULES.

C'est la faute des bougies... (Il marchait, il s'asseoit près d'un guéridon où se trouvent des brochures.) Est-ce que vous avez entendu madame Treillet dans *la Juive*?... (Desgenais ne répond pas.) Quelle heure m'avez-vous dit qu'il était? (Il remonte.)

DESGENAIS.

Cinq heures!...

JULES.

Est-ce que vous êtes élève de Prevost, monsieur Desgenais?

DESGENAIS, le perçant du regard.

Non, je suis l'élève de mon courage...

JULES, riant.

Combien d'années de salle?

DESGENAIS.

Jules, vous avez peur!...

JULES.

Moi!

DESGENAIS.

Je vous dis que vous avez peur.

JULES, avec désespoir.

Eh bien! oui... On ne peut rien vous cacher à vous!... Oui, j'ai peur, oui, je tremble!... Oui, je suis un...

DESGENAIS.

Allons!... allons!... morbleu!... Prenez garde, monsieur de Préval, si vos témoins vous voyaient?...

JULES.

Vous avez raison!... c'est honteux!... mais que voulez-vous?... C'est plus fort que moi... Cette pensée que dans deux heures... il faudra... et puis vous comprenez?... Ce duel... au matin d'un bal... et enfin, ma mère, ma sœur, qui vont me quitter sans se douter de rien... Si encore c'était là... tout de suite... Ah! tenez, je ne sais plus ce que je dis!... (Il se lève et passe à droite.)

DESGENAIS.

Vous êtes l'insulté?

JULES.

Il m'a dit que je mentais!...

DESGENAIS, froidement.

Je disais bien... Vous êtes l'insulté...

JULES.

Ah! je voulais dire que... souvent, entre nous, en riant...

DESGENAIS.

Allons! allons! morbleu!... relevez la tête!... Vous me faites rougir, monsieur!...

JULES.

Oui, oui, c'est vrai.

DESGENAIS.

Voyons!... quelle est la véritable cause de ce duel?...

JULES.

Je vais vous la dire. Vous savez bien, la petite Phrasie?

DESGENAIS.

Et c'est pour elle que...

JULES.

Oui... (Desgenais hausse les épaules.) Depuis quelque temps elle me reçoit chez elle en l'absence de monsieur de Granchamp. Ce soir, elle m'avait fait savoir par un mot qu'elle était seule... et j'ai volé au rendez-vous. Il y avait là une magnifique jardinière qu'Albéric avait envoyée la veille. En me quittant, elle prit une fleur du buisson, et l'attacha à ma boutonnière...

DESGENAIS.

Eh bien?

JULES.

Eh bien! monsieur de Grandchamp l'a reconnue tout de suite. Il m'a interrogé. Je me suis troublé, et vous savez le reste. Rendez-vous a été pris pour sept heures, ici. On est allé chercher des armes chez l'armurier du passage de l'Opéra, et dans quelques instants!... Ah! tenez, mon ami, riez de moi, si vous le voulez; mais, en sentant mon cœur battre, ma main trembler, et, cependant, rougissant de moi, et craignant de me déshonorer ce matin, j'ai eu envie de me tuer cette nuit. (Il tombe assis à droite.)

DESGENAIS, avec une inspiration soudaine. — A part.

Ah! madame de Préval!... tout à l'heure, je vous défierai de faillir. (Haut.) Ecoutez, Jules; savez-vous pourquoi votre cœur bat, pourquoi votre main tremble?... Je vais vous le dire, moi : c'est parce que vous sentez que la cause pour laquelle vous allez vous battre est indigne du sang que vous pouvez répandre. C'est parce que vous comprenez que demain, par la ville, une raillerie, si vous succombez, sera votre oraison funèbre.

JULES.

Oui, oui, vous avez raison!...

DESGENAIS.

Mais si quelqu'un, dans un bal, dans un cercle, avait insulté les cheveux blancs de votre père; pour venger un affront qu'il ne pourrait venger lui-même, est-ce que vous trembleriez, Jules?...

JULES, se relevant.

Oh! je crois que non.

DESGENAIS.

Si un homme jetait une grossière injure à la face de votre sœur, est-ce que vous trembleriez pour punir cet homme?

JULES.

Non... oh! non!...

DESGENAIS.

Eh bien, monsieur Jules de Préval, ne tremblez plus, car cet homme avec lequel vous allez vous battre a fait plus que tout cela!

JULES.

Comment?

DESGENAIS.

Tout à l'heure, là, à cette place, monsieur de Grandchamp disait que Maxime était l'amant de votre mère. (Albéric a paru au fond avec ses témoins.)

JULES, avec un cri de rage.

Oh! (Il s'élance vers Albéric.) A votre tour, monsieur, vous en avez menti! (Il le frappe de son gant.)

ALBÉRIC, avec rage.

Malheureux!

DESGENAIS, saisissant le bras de Jules. Bas.

Maintenant vous ne tremblez plus, n'est-ce pas?...

JULES, avec feu.

Oh! non! non!... c'est pour ma mère!... (Le rideau baisse.)

ACTE III.

Même décor.

SCÈNE PREMIÈRE.

JOSEPH, puis JULES, puis GERMAIN. Joseph éteint les bougies et les lampes.

JULES, il entre avec précaution ; il tient une lettre à la main.

Joseph.

JOSEPH.

Monsieur.

JULES.

Ecoute... Tu vois bien cette lettre ?

JOSEPH.

Oui, monsieur.

JULES.

Tu la remettras à huit heures, huit heures précises, entends-tu ? Pas avant.

JOSEPH.

Non, monsieur. (Joseph s'éloigne. Germain paraît.)

JULES, à Germain.

Eh bien ?...

GERMAIN.

Messieurs de Fréville et Chauvigny viendront vous prendre, monsieur... Ils seront ici dans vingt minutes.

JULES.

C'est bon. (Germain sort.)

SCÈNE II.

DESGENAIS, JULES.

JULES, allant à Desgenais.

Ah !... c'est vous, mon ami ?... Je suis heureux d'avoir pu vous serrer la main avant mon départ.

DESGENAIS, un peu agité.

Mais, je vais avec vous.

JULES, vivement.

Non pas !

DESGENAIS.

Cependant….

JULES.

Je vous en prie!... demeurez... On aura peut-être besoin de vous ici...

DESGENAIS.

Jules!...

JULES, souriant.

Eh bien! quoi donc?...

DESGENAIS, se remettant.

Rien... rien... Quelle arme a-t-on choisie?

JULES.

L'épée.

DESGENAIS.

Est-ce qu'il y a longtemps que vous n'avez fait assaut?

JULES.

Mais non... Avant-hier, encore, avec Raoul.

DESGENAIS.

Ah! c'est vrai... Je me souviens. Jules, serrez votre jeu avec le marquis... Il ne rompt jamais... Je vous en préviens, méfiez-vous du terrain; il doit y avoir du givre, car toute la nuit... C'est un temps détestable!... Quels sont vos témoins?...

JULES.

De Fréville et Chauvigny.

DESGENAIS, il s'assied.

On peut se fier à eux! mais, cependant, dites-moi, ils partent avec vous, n'est-ce pas?...

JULES.

Oui, ils vont venir me chercher dans un quart d'heure.

DESGENAIS.

Eh bien, je les verrai, je leur parlerai, j'ai quelques recommandations à leur faire.

JULES.

Mais...

DESGENAIS.

Ne vous y opposez pas, mon ami, je vous en prie, vous ne pouvez me refuser cela.

JULES.

Soit! mais de grâce, mon cher Desgenais, ne vous inquiétez pas plus que de raison, je suis calme, vous le voyez, et je tâcherai de bien faire. Ah! ce n'est pas cela qui me préoccupe, c'est autre chose.

DESGENAIS.

Quoi donc, alors ?...

JULES.

Mon Dieu, avant de partir, j'aurais voulu...

DESGENAIS.

Achevez...

JULES.

J'aurais voulu embrasser ma mère.

DESGENAIS.

Eh bien, embrassez-la. Vous secouez la tête ? quelle pensée avez-vous ?... parlez donc, Jules, qui vous arrête ?...

JULES.

La crainte de donner des soupçons à madame de Préval.

DESGENAIS.

Je ne vous comprends pas.

JULES.

Ah ! c'est que vous aviez sans doute l'habitude d'embrasser chaque jour votre mère, vous, Desgenais ?

DESGENAIS.

Oui.

JULES.

Eh bien, moi, depuis longtemps je n'embrasse plus la mienne.

DESGENAIS.

Ah !...

JULES.

Un baiser la mettrait donc sur la trace de la vérité.

DESGENAIS.

En effet.

JULES, avec chagrin.

Ah ! je voudrais bien avoir à cette heure une de ces douces caresses que jadis j'ai dédaignées; mais voilà ce que c'est : On aime bien sa mère alors qu'on est petit et que l'on a besoin d'elle pour chasser les esprits qui peuplent les alcôves; on sourit alors avec bonheur à l'ombre attentive et protectrice qui plane sur le berceau et veille sur le sommeil ; mais lorsque l'on est grand, on ne va pas à son tour s'asseoir au chevet de celle qui s'asseyait jadis au vôtre ; à celle qui vous endormit si souvent sous ses baisers on ne porterait point un baiser au réveil.

DESGENAIS.

C'est vrai ! plus l'on grandit et plus le front s'éloigne des lèvres de la mère ; petit on se haussait, grand on ne se baisse pas ; la reconnaissance filiale est le premier billet qu'on laisse protester, et l'on a déjà payé tous ses créanciers, qu'on n'a pas même donné un à-compte à sa mère.

JULES, qui regardait au fond.

Desgenais, le bal est fini, ma mère et ma sœur vont peut-être traverser ce salon, je me retire. (L'embrassant.) Mon ami, vous leur donnerez ce baiser-là si dans quelques heures je ne suis pas venu le reprendre. Adieu!...

DESGENAIS.

Adieu! mais non, pas encore, vous savez ce que vous m'avez promis.

JULES.

Ah! oui, c'est vrai! Eh bien dès que ces messieurs seront arrivés?...

DESGENAIS.

Vous me ferez prévenir, vous me le jurez?

JULES.

Je vous le jure. Au revoir. (Il sort.)

SCÈNE III.

DESGENAIS, puis MARTIN.

DESGENAIS, le regardant s'éloigner.

Ai-je bien fait de pousser cet enfant à ce duel? Si malgré cela, madame de Préval... oh! n'importe, et quoi qu'il arrive... ce que j'ai fait, je devais le faire. (Martin paraît avec un Domestique qui l'aide à endosser son paletot.)

MARTIN, au Domestique.

Bien obligé. Mon chapeau!... (Le Domestique le lui donne.) Merci!... (Le Domestique sort. — Martin finit de s'habiller devant la glace. Apercevant Desgenais et sans se retourner, à part.) Ah! ah! voilà mon orgueilleux! (Il le salue froidement dans la glace. Desgenais lui rend son salut.)

DESGENAIS, à part, regardant sa montre.

Bientôt sept heures!

MARTIN, toujours dans la glace, mettant son cache-nez.

Oh! le jour est levé, monsieur Desgenais.

DESGENAIS.

Eh bien, qu'est-ce que cela me fait?...

MARTIN.

Ah!... on ne sait pas, on ne sait pas... (Il met son chapeau.) Mais cependant, si j'avais voulu... (Desgenais ne répond pas et va à la fenêtre.)

MARTIN l'y suit.

Oh! le fiacre n'y est pas. (Desgenais hausse les épaules et redescend.)

MARTIN, avec colère, à part.

Toujours le même. Impossible de... (Prenant une résolution et revenant.) Écoutez, monsieur Desgenais... avouez-moi seulement que vous êtes fâché de tout ce que vous m'avez dit, et je vous donne quittance.

DESGENAIS.

Ah çà ! vous avez donc la rage de m'acheter des mensonges ?... (Il passe à gauche.)

MARTIN, avec colère.

Diable d'homme !... Eh bien, morbleu !... il ne sera pas dit que vous m'écraserez toujours de votre supériorité. Mademoiselle Marie a déchiré ses titres ; moi, je déchire les vôtres. (Il déchire les papiers qu'il a tirés de sa poche, et les jette dans la cheminée.)

DESGENAIS.

Je n'en reste pas moins votre débiteur, monsieur Martin.

MARTIN.

Je ne recevrai pas votre argent, et, bien mieux, je veux...

DESGENAIS.

Vous voulez...

MARTIN, s'animant.

Je veux vous prouver qu'il n'y a pas que vous qui ayez de bons sentiments, et que l'on en trouve aussi chez... (appuyant) es bourgeois. Enfin, je veux faire le bonheur de Marie.

DESGENAIS.

Son bonheur ?...

MARTIN.

Oui, parce que, après tout, je l'aime cette chère petite, et de tout mon cœur !... de tout mon cœur de bourgeois.

DESGENAIS.

Monsieur Martin.

MARTIN, continuant.

Aussi j'ai résolu de l'adopter.

DESGENAIS.

Hein ?

MARTIN.

De lui laisser tout mon bien. Enfin, je veux être son père.

DESGENAIS.

Bon, voilà autre chose à présent... Eh bien et moi ?

MARTIN.

Vous ?... Vous reprendrez votre casque et votre grande épée et vous retournerez à la guerre aux bourgeois.

DESGENAIS.

Prenez garde, monsieur Martin, vous allez être bon par méchanceté.

MARTIN.

Ce n'est pas vrai, monsieur, je vais être bon par bonté... Girouette si vous voulez.

DESGENAIS.

Oh oui!...

MARTIN.

Mais bon...

DESGENAIS.

Mais! monsieur Martin, ça n'est pas Logique, sacrebleu! cet accès de sensibilité chez un homme comme vous, qui ne s'est jamais occupé que d'affaires...

MARTIN.

Eh bien! puisque je suis retiré!... Ah! ah! je vous tiens cette fois, car si votre orgueil refuse mes bienfaits... vous aurez fait le malheur de Marie.

DESGENAIS, ému.

Mais, monsieur Martin... Marie ne voudra pas me quitter.

MARTIN, après un mouvement.

Ah! vous croyez?

DESGENAIS.

J'en suis sûr.

MARTIN, avec intention.

Dites donc, il y a un moyen, épousez-la, vous.... Elle aura une belle fortune, et...

DESGENAIS.

Et vous me croyez capable de spéculer sur la reconnaissance de Marie pour m'enrichir aux dépens de son bonheur?... Ah! sapristi! c'est ça qui est bourgeois, par exemple!

MARTIN, furieux.

Que le bon Dieu vous bénisse!... avec vos grands sentiments qui n'en finissent pas; car enfin qui vous dit que cet enfant ne songe pas à vous?

DESGENAIS.

Elle?... Non, monsieur Martin; Marie ne peut pas songer à moi, parce que j'étais le frère de celui qu'elle aimait, parce qu'un amour comme celui de Marie ne quitte pas si vite le deuil, parce que... (Marie est entrée.) Mais d'ailleurs, tenez, vous allez voir! Marie...

MARIE.

Mon ami.

DESGENAIS.

Réponds franchement. As-tu de l'amour pour moi?

MARIE, naïvement.

Mais non.

DESGENAIS.

Parbleu! je savais bien. Tu es une brave fille, embrasse-moi.

GERMAIN, paraissant.

Monsieur Desgenais, monsieur Jules vous demande... (Bas.) Il est dans la voiture avec ces messieurs.

DESGENAIS, vivement.

C'est bien, j'y vais. (A Martin.) Adieu, monsieur Martin.

MARTIN, moitié colère et moitié ému.

Allez-vous-en au diable! (Desgenais sort vivement avec Germain.)

SCÈNE IV.

MARTIN, MARIE.

MARIE.

Qu'y a-t-il donc, monsieur Martin?

MARTIN.

Il y a que monsieur Desgenais est un fou.

MARIE.

Oh!

MARTIN.

Oui, un fou; car je voulais vous donner toute ma fortune, et il l'a refusée.

MARIE.

Mais il a bien fait, monsieur.

MARTIN, s'asseyant à gauche.

Allons, bon... à l'autre, à présent! du reste, c'est son élève. Il a bien fait?... Pourquoi a-t-il bien fait?

MARIE.

Parce qu'on n'a pas besoin de tant d'argent pour être heureux.

MARTIN.

Alors, je n'ai donc pas besoin de quarante mille livres de rente pour moi tout seul.

MARIE.

Mais on n'est jamais tout seul, monsieur Martin.

MARTIN.

Comment?

MARIE.

Et les pauvres!

MARTIN.

Les pauvres!... les pauvres!... ils sont plus riches que nous.

MARIE.

Oh! moi, j'en ai connu qui n'étaient pas riches.

MARTIN.

Soit... Eh bien, si monsieur Desgenais m'avait laissé maître d'agir comme je le voulais, vous eussiez pu faire du bien avec mon argent.

MARIE.

Ça vous ennuierait donc de faire du bien vous-même?

MARTIN, embarrassé.

Je ne dis pas... je ne sais pas.

MARIE.

Essayez.

MARTIN, ému.

Chère petite!... (Après un temps.) Ah!... pourquoi n'es-tu pas ma fille? ma vraie fille? j'aurais fait de toi une belle demoiselle... je t'aurais donné de jolies toilettes, je t'aurais fait apprendre le piano... Ah! Dieu! avoir une fille qui joue du piano! (Se montant.) Ah! mais tant pis! (Il se lève.) Monsieur Desgenais aura beau dire, je ferai tout cela malgré lui. (Mouvement de Marie.) Malgré toi-même; d'abord, si tu me refuses, je croirai que tu m'en veux.

MARIE.

Moi?

MARTIN, ému.

Et ça me fera bien de la peine, car je t'aime, vois-tu? je t'aime bien, ma parole d'honneur la plus sacrée!... Tu comprends, pendant toute ma vie, j'ai amassé, moi, ma tendresse comme mon argent... Laisse-moi donc te donner mes économies.

MARIE.

Monsieur Martin.

MARTIN.

Tu acceptes, n'est-ce pas?... Ecoute, je te donnerai ma maison de la rue des Moulins... celle où il y a des statues.

MARIE, étonnée.

Mais...

MARTIN, vivement.

Elle vaut justement quarante mille francs.

MARIE, incrédule.

Oh !

MARTIN.

Je t'assure... Elle est mal bâtie... Et puis... (Très-ému.) Il avait raison, cet autre, le Desgenais... Elle est bien triste, bien froide !... Mais si tu y étais, tu y apporterais la gaieté, la vie... Tu y ferais du feu, et tu me donnerais une petite place au foyer... et quelquefois tu m'inviterais à dîner.

MARIE, entraînée.

Vous êtes bon.

MARTIN, avec joie.

Je suis bon !... tu as dit que j'étais bon ! Eh bien, cet animal de Desgenais, je n'ai jamais pu le lui faire dire... Ah ! tu m'as rendu bien heureux !... Il me semble qu'à présent j'ai une famille, une enfant... (Il l'embrasse; Anna paraît au fond.) Je suis un autre homme, je ne me reconnais plus... Je m'aime mieux comme cela... Embrasse-moi... (Anna écoute le bruit d'une voiture qui s'éloigne. — Martin, bas.) Adieu ! adieu, Marie !... ne dis rien à personne, entends-tu?... surtout à monsieur Desgenais; et ne lui parle pas de la maison de quarante mille francs... (A part.) Il serait capable de la faire estimer... Tu as dit que j'étais bon, tu me le diras encore devant lui, n'est-ce pas ? pour le faire enrager... Adieu, Marie ! adieu !... (Il lui envoie un baiser ; à part, en sortant.) Je vas réveiller mon notaire. (Il sort.)

SCÈNE V.

MARIE, ANNA. (Anna est descendue à la cheminée et se chauffe les pieds.

ANNA, à Marie.

Il neige, sais-tu? J'ai bien fait de te garder ; tu aurais attrapé froid dans la voiture. (Marie lui serre la main. — Commençant à défaire ses bijoux.) Dis donc, Marie, as-tu sommeil? veux-tu que nous nous quittions ?

MARIE.

Non, pas encore.

ANNA.

Eh bien ! nous irons nous coucher quand il n'y aura plus de feu.

MARIE.

C'est cela ; causons, alors.

ANNA.

Oui, causons. (Elle s'assied sur le canapé, Marie sur le fauteuil. * — Après un silence, regardant autour d'elle.) Je ne connais rien de triste comme un jour qui commence sur un bal qui finit. Vois ma couronne, comme elle est fanée! Mes cheveux sont défaits! nous sommes pâles comme des mortes, et, pour ma part, je suis gelée. (Souriant tristement.) Est-ce que tous les plaisirs finissent ainsi?

MARIE.

Comme tu es sérieuse, Anna! qu'as-tu donc?

ANNA.

Je ne sais pas, j'ai envie de pleurer.

MARIE.

Veux-tu que nous parlions de lui?

ANNA.

De lui?

MARIE.

Que tu aimes.

ANNA, soupirant.

Oui, que j'aime!...

MARIE.

Ce soupir?...

ANNA.

Ah! vois-tu, Marie, j'ai peu de foi dans l'avenir

MARIE

Peu de foi, dis-tu?

ANNA.

Oui, car ma mère, je le vois bien, est opposée à mon mariage avec Maxime.

MARIE.

Opposée?... Pourquoi?

ANNA.

Je l'ignore... Cette nuit, elle m'avait bien promis d'y consentir, et ce matin, lorsqu'en la quittant je lui ai laissé voir la joie que j'éprouvais...

MARIE.

Eh bien?

ANNA.

Eh bien! j'ai été frappée de son regard sévère. Et comme j'insistais : Anna, m'a-t-elle dit froidement, si votre père le veut, vous épouserez monsieur de Tremble, cela le regarde plus que moi, car je ne pourrai assister à votre mariage.

MARIE.

Oh!

ANNA.

Ma mère est souffrante, a-t-elle ajouté, et demain je pars pour la rejoindre...... Oh! je le vois bien, elle le haït!.. Pauvre Maxime!...

MARIE, se levant.

Anna!

ANNA.

Je t'attriste... Pardon, Marie, mais depuis une heure j'ai froid là. (Elle touche son cœur.) C'est comme le pressentiment d'un malheur, et tiens, il y a un instant, quand le silence s'est fait ici, quand la dernière voiture s'est éloignée, j'ai tremblé malgré moi, et j'ai pensé à tous ceux que j'aime, je les ai comptés avec une sorte d'effroi; j'aurais voulu les avoir tous là, autour de moi. — Enfin, il m'a semblé... oui, il m'a semblé qu'avant peu il en manquerait un.

MARIE.

Anna!...

ANNA, se levant.

Oh! tiens, je suis folle!... (s'efforçant de rire.) Vois-tu comme les enfants sont maussades quand on ne les couche pas de bonne heure? (Elle va à la fenêtre.) La neige tombe toujours!... Oh! la belle nappe d'argent!.. Tiens, il y a encore de la lumière chez maman... Mon père n'est pas couché non plus. (Revenant à la cheminée.) Il paraît qu'il est bien désolé de ne pas avoir été nommé. Est-ce drôle que les hommes se rendent malheureux pour si peu de chose!... (Elle met ses bijoux dans le coffre. Joseph paraît.)

JOSEPH, à part, regardant la pendule.

Huit heures!... (S'approchant.) Une lettre pour mademoiselle.

ANNA.

De qui?

JOSEPH.

De monsieur Jules.

ANNA.

De mon frère? C'est bien. (Joseph sort.) Une lettre de Jules... Mon Dieu, Marie, j'ai peur!...

MARIE.

Pourquoi?

ANNA.

Je l'ignore... Mais, c'est étrange, que peut-il m'écrire?... (Elle brise le cachet.) Vois-tu, Marie, j'éprouve en ce moment ce que j'éprouvais tout à l'heure lorsque j'ai... (Elle a parcouru la lettre, elle pousse un cri étouffé.) Ah!...

MARIE.

Qu'y a-t-il?

ANNA.

Tiens, lis... là!... là!...

MARIE, lisant.

« Si je succombe, notre mère n'aura plus que toi... Aime-la
» pour nous deux. »

ANNA, avec désespoir.

Mon Dieu! mon Dieu! (Se remettant, et avec énergie.) Mais il est peut-être temps encore, il faut prévenir monsieur de Préval. Courons, viens, Marie!... (Clotilde paraît au fond.)

MARIE, bas à Anna.

Ta mère!...

SCÈNE VI.
Les Mêmes, CLOTILDE.

ANNA, à part.

Ma mère!... oh! cette nouvelle la tuerait!

CLOTILDE.

Comment, mesdemoiselles, encore là!...

ANNA, tremblante.

Oui, maman, nous causions, nous...

CLOTILDE.

Qu'as-tu donc, Anna?

ANNA, cherchant à se remettre.

Rien, rien, maman. (A part, avec des larmes.) Aime-la pour nous deux.

CLOTILDE, apercevant la lettre que tient encore Anna.

Quelle est cette lettre?

ANNA, avec effroi.

Cette lettre?... (Elle la cache.)

CLOTILDE.

Pourquoi cet effroi, Anna?... Pourquoi refuser de me montrer ce que vous écrit monsieur Maxime?

ANNA.

Mais cette lettre n'est pas de lui.

CLOTILDE, la lui prenant.

Vous mentez!

ANNA.

Oh! maman, ne lisez pas!

CLOTILDE, avec amertume.

Pourquoi donc?... (Elle parcourt la lettre, et jette un cri épouvantable.) Ah! (Avec égarement.) Jules!... mon fils!... c'est mon fils qui se bat! (A part.) Et je tremblais pour un autre.

ACTE TROISIÈME

ANNA.

Oui, il se bat en ce moment, et c'est moi peut-être qui en suis cause.

CLOTILDE.

Toi? qu'est-ce que tu dis ? (Elle sonne violemment.)

ANNA.

Oui, parce que je l'ai raillé bien souvent pour son peu de courage!... Oh! mon Dieu! mon Dieu!...

CLOTILDE, à part.

C'est elle qui s'accuse!... (Avec violence.) Mais on ne viendra donc pas? (Appelant.) Joseph... Germain!... (Joseph paraît à la porte de gauche avec un Domestique. — Apercevant Joseph.) Ah! vite, qu'on attelle... Le domestique sort.)

DE PRÉVAL, entrant.

Eh bien?... qu'y a-t-il donc?

CLOTILDE.

Ah! monsieur! courez! courez! Jules... un duel!...

DE PRÉVAL.

Un duel?...

CLOTILDE.

Oui, avec monsieur de Grandchamp.

DE PRÉVAL.

Et pourquoi ce duel?...

CLOTILDE.

Mais qu'importe, mon Dieu!

DE PRÉVAL.

Eh bien! où les combattants ont-ils dû se rencontrer?

CLOTILDE, avec égarement.

Où?... ah! je ne sais pas, mais la lettre nous dira... la lettre?... où est donc la lettre?... (Joseph la lui donne.) Ah! (La parcourant, puis avec désespoir.) Mon Dieu! mon Dieu! mais ça n'y est pas.

JOSEPH.

Madame, quand monsieur de Grandchamp est parti avec ces messieurs.

CLOTILDE.

Vous avez entendu?

JOSEPH.

Oui, madame.

CLOTILDE

Quoi?... quoi!... mais dites donc quoi?

JOSEPH.

Ces messieurs parlaient des bois du Vésinet.

DE PRÉVAL.

Il suffit.

CLOTILDE, à de Préval.

Allez vite, monsieur.

DE PRÉVAL.

Venez, Joseph, venez. (Il sort avec Joseph par la gauche. Desgenais paraît au fond.)

SCÈNE VI.
DESGENAIS, CLOTILDE, ANNA, MARIE.

CLOTILDE, tombant sur un fauteuil, et avec désespoir.

Oh! le ciel se venge!...

ANNA, pleurant.

Mon frère! mon pauvre frère!

MARIE, apercevant Desgenais et courant à lui.

Ah! mon ami!

DESGENAIS, bas, en lui désignant Anna.

Silence! emmène-la, et veille sur elle.

MARIE.

Oui, oui. (Prenant la taille d'Anna.) Viens, Anna, viens prier pour lui! (Elle emmène Anna.)

SCÈNE VII.

DESGENAIS, CLOTILDE. (Clotilde, qui sanglote, la tête dans ses mains, entend du bruit auprès d'elle, se retourne et aperçoit Desgenais.

CLOTILDE.

Ah! monsieur Desgenais, c'est vous; restez près de moi, parlez-moi; il me semble que je deviens folle, il me semble que je rêve! Pourvu que monsieur de Préval arrive à temps... (Elle se lève, ouvre la fenêtre et regarde au loin.) Jules! mon fils! (Redescendant avec agitation.) Si cet homme allait le tuer?... (Avec une sorte de folie croissante.) Oh! tenez, s'il le tue, je ne croirai plus à rien.

DESGENAIS.

Madame...

CLOTILDE, avec des larmes.

Non, à rien. Voyons?... Est-ce que j'ai mérité d'être punie ainsi?... pour une pensée coupable, sans doute; mais... je ne vous apprends rien, n'est-ce pas?... Vous avez lu depuis longtemps dans mon âme. (A voix basse.) Eh bien, oui, j'aimais

Maxime; c'était le premier amour de ma vie... C'était un crime, je le sais bien. Aussi je m'accuse, je me maudis... (Avec des sanglots.) Mais, est-ce ma faute, à moi, si cet amour est entré dans mon cœur?... Non, c'est la faute de ma mère... Oh! vous l'aviez compris : j'ai bien lutté! bien souffert! (s'arrêtant.) Oh! tenez, voilà que je vous parle de moi à présent... quand je vous dis que je deviens folle! (Elle retourne à la fenêtre, puis va à la porte qu'elle ouvre, redescendant.) Personne!... personne encore; mais il reviendra, n'est-ce pas?... (La fièvre augmente.) Oh! d'abord, voyez-vous?... si mon fils meurt, je ne réponds plus de rien, je ne réponds plus de moi. (Elle tombe assise.) **

DESGENAIS.

J'en ai répondu, moi, madame.

CLOTILDE.

Plaît-il?

DESGENAIS.

Car c'est moi qui suis cause si en ce moment monsieur Jules de Préval se bat pour l'honneur de sa mère.

CLOTILDE.

Mon honneur?

DESGENAIS.

Oui, madame. Un homme avait insulté la mère de monsieur Jules de Préval, et c'est moi qui ai armé le bras de monsieur Jules de Préval pour qu'il vengeât sa mère.

CLOTILDE.

Mon Dieu! mon Dieu!

DESGENAIS.

Jules était un enfant, j'en ai fait un homme... Et après tout, si madame de Préval n'a pas le courage de rester chaste et pure, mieux vaut pour le fils de succomber que d'avoir un jour à rougir de sa mère.

CLOTILDE, sanglotant.

Oh!...

DESGENAIS, continuant.

Si, au contraire, elle a la force d'arracher de son cœur jusqu'aux dernières racines de son amour...

CLOTILDE.

Eh bien?

DESGENAIS.

Eh bien! j'en réponds, Jules ne mourra pas, car il se battra alors pour une cause sainte, et sa mère aura le droit de prier pour lui.

CLOTILDE.

Il serait sauvé!... (Se levant, changeant de ton, avec douleur.) Oh! mon Dieu!... mais toutes les mères prient pour leurs fils en danger, et pourtant combien d'enfants enlevés à leurs mères!...

DESGENAIS.

Vous blasphémez, madame!

CLOTILDE.

Oui, vous avez raison... Eh bien! que me disiez-vous?... D'oublier mon amour?... mais je ne m'en souviens plus, mais je n'en ai plus... mais je n'ai plus rien qu'une pensée, qu'une prière, et cette prière, cette pensée sont pour lui!... pour lui seul! Voyons, que dois-je faire pour prouver au ciel et à la terre que je n'aime plus rien au monde que mon enfant?...

MAXIME, entrant très-agité, à part.

Jules n'est pas revenu?

CLOTILDE, courant à lui.

Ah! Maxime!... vous aimez ma fille!... Je vous la donne; vous serez son mari!... je vous le jure sur la vie de mon autre enfant!... De cette heure, Maxime, je suis votre mère!... Embrassez-moi!... embrassez-moi!... (Serrant Maxime dans ses bras.) Mo-Dieu!... mon Dieu!... vous me rendrez mon fils, n'est-ce pas?... car vous savez bien que je n'ai plus d'amour. (Desgenais, qui était à la fenêtre, pousse un cri de joie.) Ah!...

CLOTILDE, se retournant.

C'est mon fils!... (S'élançant à la croisée.) Oui!... c'est bien lui!... dans les bras de sa sœur!... (Avec jalousie.) Oh! elle l'a embrassé avant moi... mais je veux courir... je veux courir... Maxime, conduis-moi dans les bras de ton frère!...

MAXIME, avec joie.

Madame!...

CLOTILDE.

Viens!... viens!... (Elle fait quelques pas, s'arrête et tombe dans le fauteuil à droite.) Oh! non, je ne peux pas!...

Jules paraît au fond avec Anna. Clotilde veut parler, mais sa voix est muette; elle étend seulement les bras vers Jules, il vient tomber à genoux devant Clotilde, celle-ci l'embrasse convulsivement, puis éclate en sanglots.

CLOTILDE, quand elle peut parler.

Tu n'es pas blessé?

JULES, avec orgueil.

Si!...

CLOTILDE, avec effroi.

Oh!...

JULES, vivement.

Une égratignure!... Quelques gouttes seulement de tout ce sang que je donnerais pour toi.

SCENE IX.

Les Mêmes, MARTIN, MARIE, paraissant au fond; DE GRANDCHAMP et un Témoin, paraissant sur le seuil de la porte à gauche.

GRANDCHAMP, bas à Anna avec inquiétude.

La blessure de monsieur de Préval?...

ANNA.

Oh! ce n'est rien, monsieur. Dieu merci!... (Elle passe à sa mère.)

GRANDCHAMP, l'apercevant.

Madame de Préval!...

DESGENAIS.

Oui, madame de Préval, avec le fiancé de sa fille... (Avec intention.) Me comprenez-vous?...

GRANDCHAMP.

Oui, monsieur. (S'avançant vers madame de Préval et s'inclinant.) J'ai un pardon à vous demander, madame!...

CLOTILDE.

Un pardon!... Oh! je vous l'accorde!... car vous pouviez le tuer, et vous ne l'avez pas voulu; je vous remercie, monsieur!...

JULES et ANNA.

Ma mère!...

CLOTILDE, à part.

Oh! c'est bon de pouvoir lever la tête devant ses enfants!... (Martin, qui est entré, contemple ce tableau.)

MARTIN, à part.

Décidément, c'est gentil la famille!...

MARIE, l'apercevant.

Monsieur Martin!...

MARTIN, à mi-voix.

Tais-toi!... (Lui montrant des papiers.) J'ai réveillé mon notaire. (Marie lui donne la main. De Préval entre précipitamment.)

SCENE X.

Les Mêmes, DE PRÉVAL.

DE PRÉVAL, le Moniteur à la main.

Où est-il?... où est-il?... Jules!... mon fils!... Ah! malheureux enfant!... Mais tu n'as donc pas songé que tu pouvais me tuer?

JULES.

Mon père!

DE PRÉVAL, lui montrant le journal.

A propos!... Il y avait erreur!... Je suis nommé... ah! je suis bien heureux!...

DESGENAIS, à part.

Incorrigible!... Enfin! c'est égal!... (Regardant les autres personnages.) J'ai trouvé de braves cœurs, je puis éteindre ma lanterne...

FIN

F. Aureau. — Imprimerie de Lagny

www.ingramcontent.com/pod-product-compliance
Lightning Source LLC
Chambersburg PA
CBHW070530100426
42743CB00010B/2022